ドリル式
SPI
問題集

図解&書き込み式

柳本新二●著

永岡書店

はじめに

「計算が苦手な人にも取り組みやすいSPIの入門書」これがこの本のコンセプトです。

　数学が嫌い、計算から遠ざかっている、SPIが苦手、など、いろんな形で数字に関する抵抗がある人が多いと思います。この本はそんな人に向けた視点で書かれたものです。これは単に数学の復習の本ではありません。SPI対策本として新たに数字が苦手な人でも容易に取り組める内容の本です。見やすい例題と解りやすい解説を心がけて制作されています。

　数年前、世界の経済は急激な変化に見舞われ、日本でもその影響を受けて景気の悪化が続きました。やや回復したとはいえ、低迷を脱したとはまだまだいえない状況です。そうした中、多くの企業が派遣切りや正社員の早期退職を行うなど雇用では厳しい状況が続いています。新規採用を取りやめる企業、採用枠を減らす企業も依然見受けられます。

　この狭い採用枠に入るためには、大手では90%の選考不合格を出すと言われる筆記試験を通過しなければいけません。今年も例年並みに厳しい選考の年になると思われますが、企業は会社に貢献できる人を喉から手が出るくらい欲しがっています。

　皆さんが筆記試験の対策を確実に行って面接に進み、自分の良さをアピールできる場に進んでほしいと思います。そして皆さん自身が一番だと思う企業で働けることを願っています。

　この本はそうした願いを基に、SPIの基礎知識と解き方の基本をマスターしてもらえるように制作されました。

　この本を読んだ皆さんのひとりでも多くが、希望する企業の採用試験を突破することを心から願っています。

　がんばってください！

柳本新二

SPIの特徴と攻略法

●SPIとは

　SPIとは、「Synthetic Personality Inventory」の略で、**総合的な個性の評価を目的として**、1974年にリクルートの人事測定事業部が開発した**総合適性検査**です。

　この検査は、大きく分けて言語能力、非言語能力をみる能力適性検査と、職務に対する適応能力をみる性格適性検査で構成されています。主な有力企業1000社中、約700社で行われる最もポピュラーな検査で、今では年間8000社以上が採用しています。

●SPIの種類

　SPIは対象学歴や職種別にその種類が分かれています。その内、大学生が受けるのは、**SPI-U、SPI-A、SPI-B、SPI-R**という分類の検査です。またこれらは、それぞれにいくつかのバリエーションがあります。ですから、より多くの会社でSPIの試験を受けると、同じ問題に当たる確率が高くなっていくということになります。わからないところは試験の度に復習して、解けるようにしておくことがとても大切です。

■SPIの種類

	テスト名	主な実施目的	主な対象	実施時間 能力検査	性格検査
ペーパーテスティング	SPI-P	性格適性検査のみ	―	―	約40分
	SPI-U	大学新卒採用	大学生	70分	約40分
	SPI-G	中途採用	一般企業人	70分	約40分
	SPI-H	高校新卒採用	高校生	70分	約40分
	SPI-A	大学新卒採用、短時間実施	大学生	50分	約40分
	SPI-B	大学新卒採用、より細かく基礎能力を測定	大学生	90分	約40分
	SPI-R	非定型的な業務を含む事務職	短大生・大学生	57分	約40分
	SPI-N	定型的な業務を行う事務職	高校生・大学生	31分	約40分
WEBテスティングインハウスCBTテストセンター	SPI-P	性格適性検査のみ	―	―	約30分
	SPI-U	大学新卒採用	大学生	35分	約30分
	SPI-G	中途採用	一般企業人	35分	約30分
	SPI-H	高校新卒採用	高校生	35分	約30分
	SPI-UE	大学新卒採用、英語能力検査がある	大学生	55分	約30分
	SPI-GE	中途採用、英語能力検査がある	一般企業人	55分	約30分

※ペーパーテスティングには、上記のほかに外国語版としてグローバルSPI英語版・中国語版があります。
　（リクルートマネジメントソリューションズのHPを参考に作成）

●コンピュータベースの受験形式

現在は、ペーパーテストのほかに、テストセンター、インハウスCBT、WEBテスティングなど、コンピュータベースのSPI試験が主流となりつつあります。

問題が画面ごとに１問ずつ出てきて、その解答を選択肢から選び、クリックして次の問題にうつるというテスト形式です。

テストセンターは専用会場で、インハウスCBTは受験する企業で、WEBテスティングは自宅で、それぞれパソコンを使って能力検査を実施します。

●攻略上のポイント

1 「速さ」と「正確さ」

SPIは短時間に多くの問題を解かせるような出題形式になっています。限られた時間のなかで、いかに**「速さ」**と**「正確さ」**を備えた解答ができるかが求められるのです。タイマーなどを前に**１問１分**を目安にスピード感を意識しながら解き進んでください。また、**言語分野は満点近く、非言語分野は80％くらいで平均80％以上の正答率を目指す**ことが必要でしょう。

2 非言語分野の克服が分かれ目

SPIの学科試験は、国語的な**「言語分野」**と数学・推理の**「非言語分野」**の２つで構成されています。中でも難しいのが非言語分野です。特に、私立文系やエスカレータ式で上がった学生にとっては要注意分野です。くり返し問題を解いて、早く答えを出す力を身につけるようにしてください。一歩ずつ解き慣れていくことが大切です。

3 独自のものさし「誤謬率」

SPIには、一般常識と違って独特の物差しがあります。それが**誤謬率**です。全解答数に対する**「間違い」の比率**を表すものです。評価は５段階でA、B、C、D、Eに分かれます。Aは誤りの出現率10％以内で「正確である」という評価。Eは逆に正解の出現率10％以下で「極めて誤りが多い」という判断になります。

たとえば、ａさんは40問中、34問正解し、ｂくんは40問中、36問正解した場合、間違いの率である誤謬率は変わってきます。ａさんが６問のミスで、6÷40×100＝15％で「Ｂ」評価であるのに対して、ｂくんは４問で10％「Ａ」評価となります。

しかし、**すべてのSPI検査がこのような基準を設けているのではありません**。誤謬率が計測されるのは事務職採用に使われるタイプの検査だけ（SPI-R、SPI-N）で、多くの大学生が受けるSPI-U、SPI-A、SPI-Bには**誤謬率は計測されません**。また、企業によって「誤謬率」はカウントしないというところもあります。

4 各分野の内容（内容はテストによって多少の違いがあります。）

〈言語分野〉
主な試験内容：言葉に関する選択（同義語・反意語、包含関係、用途、二語の関係、
　　　　　　　　文法、敬語など）、長文読解
解答時間　　：40問30分
解答方法　　：5～8問の選択式

〈非言語分野〉
主な試験内容：計算分野、思考分野、判断分野、論理的分野
解答時間　　：30問40分
解答方法　　：5～8問の選択式
主要7単元　：金銭に関する問題、速さ・時間・距離、確率、推論、集合、論証、
　　　　　　　グラフの領域

●転職・昇進にも使われるSPI

近年、社会人の転職や再就職の場合でも、最近は船舶資格試験でもSPIテストが行われるようになっています。転職者が増えたため、客観的に能力や適性を判断する必要があるからです。しかし、30代以上の人の中には、採用テストを受けたことがなく、初めて受けるという人も多いでしょう。

今後は、採用企業の増加が考えられますので、転職希望の方は、SPIの準備は早めに始めておくことをお勧めします。本書でSPIの解き方や考え方を身につけて、試験に臨みましょう。

INDEX ●目次

はじめに……………………………………………………………3

SPIの特徴と攻略法 ………………………………………………4

本書の使い方………………………………………………………8

◆第1章　SPI非言語分野（理数系）………………………… **9**

1　濃度　①　…………………………………………10

2　濃度　②　…………………………………………16

3　速さ・距離・時間　①　…………………………22

4　速さ・距離・時間　②　…………………………28

5　速さ・距離・時間　③　…………………………34

6　ものの値段と個数　………………………………40

7　定価・原価・利益　………………………………46

8　割合と値段　………………………………………52

9　仕事算　……………………………………………58

10　表の読み取り　……………………………………64

11　資料の読み取り　…………………………………70

12　順列・組み合わせ　………………………………76

13　確率のとらえ方　…………………………………82

14　集合　………………………………………………88

15　推論　………………………………………………94

16　ものの流れと比率　……………………………100

17　ブラックボックス………………………………106

18　グラフの領域①　………………………………112

19　グラフの領域②　………………………………116

20　論証①　…………………………………………122

21　論証②　…………………………………………126

22　立体の展開図・断面　…………………………130

コラム　SPI性格適性検査とは …………………………134

◆第2章　SPI言語分野（国語系）………………………… **135**

23　同意語・反意語　………………………………136

24　2語の関係　……………………………………140

25　文法　……………………………………………146

26　敬語　……………………………………………150

27　長文問題　………………………………………154

SPI 書き込み式ドリル 本書の使い方

■ 直接書き込んで脳に記憶させるドリル形式！
■ 図解でマスター！ 短い時間での学習に効果大！

●豊富な図、イラストによるわかりやすい解説。

●効果的に記憶できる書き込み式！
●STEPを踏んでまるごと覚える。

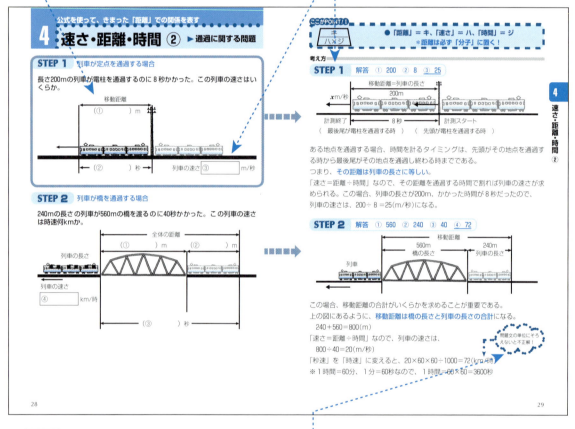

※ □ の解答欄：問題に対する解答の記入欄。
→正解は右ページ解答中の下線部分。
（　）の解答欄：考える過程で必要になる数値などの記入欄。→正解は右ページに。

●フキダシで解き方や考え方をわかりやすくフォロー。

練習問題
・解き方を理解したら練習問題で完全マスター！
・「ここがPOINT!」では解法の要点を紹介！
・「よく出る」マーク、「重要!」マークで、重点を置く問題がすぐわかる。
・練習問題でも充実した解説で理解を深める！

マークの見方

よく出る　本試験での出やすい問題

重要!　必ず押さえておきたい問題

第1章

SPI
非言語分野
（理数系）

●

数学・理科的な能力を調べるためのテストです。
企業での日常業務における数的処理能力、
論理的判断、思考・知覚の速度・正確さなどの
業務処理能力を測定します。

1 濃度 ① ▶1つの容器で考える

溶液全体の中に混ざっているものの割合を求める問題

STEP 1　水とシオの割合を求める

10％の食塩水100ｇとは、シオと水がいくらずつのことをいうか。

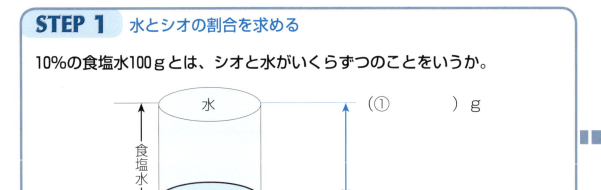

STEP 2　濃度からシオの量を割合で表す

では、３％の食塩水100ｇには、水とシオはそれぞれ何ｇずつ入っているだろうか。

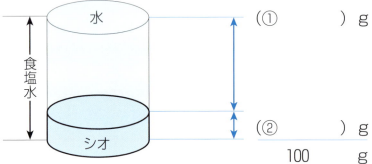

STEP 3　シオの量の計算は必ずできるようにしておく

５％の食塩水300ｇの中に含まれる水とシオの量はそれぞれいくらか。

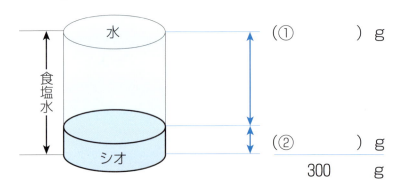

ここがPOINT! I

食塩水＝シオの量＋水の量

1

濃度①

考え方

STEP 1　解答　① 水90　② シオ10

10%の濃度とは、全体の中で10%、小数（分数）で表すと$0.1\left(=\dfrac{1}{10}\right)$のシオが入っている。つまり、シオの量が全体の$\dfrac{1}{10}$入っているということ。

だから、「全体の量」：「シオの量」＝10：1になる。

したがって、

シオの量＝全体の量×割合＝100×0.1＝10(g) ◄

水の量＝100－10＝90(g)となる。

「水の量」：「シオの量」＝9：1になる。

> 100gの食塩水に10gのシオが入っているということ。

STEP 2　解答　① 水97　② シオ3

3%の濃度ということなので、シオの量を小数（分数）で表すと、$0.03\left(=\dfrac{3}{100}\right)$

これは全体に対しての割合である。食塩水全体が100gなので、

実際のシオの量は、100×0.03＝3(g)

したがって、水の量は、100－3＝97(g)

STEP 3　解答　① 水285　② シオ15

SPIとしては、速く解く必要があるので、シオの量は「%」×「g」から0を2つ取る、と覚えて暗算で計算しよう。

> 必ず、シオの量は計算できるようにしておく。これが応用問題でも必要となってくる。

シオの量＝（%）×（ g ）÷100 ◄

シオの量＝5 ×300÷100＝15(g)

水の量＝300－15＝285(g)

11

練習問題 1　1 濃度 ①

□と（　）に答えなさい。

よく出る

1 10%の食塩水100gに水を150g加えると何%に変わるか。

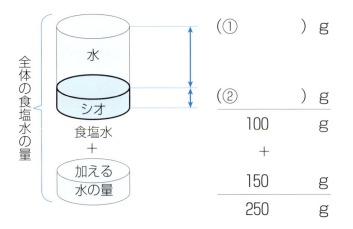

(①　　)g

(②　　)g
100　g
＋
150　g
―――――――
250　g　　□%

2 10%の食塩水100gから水を20g蒸発させると何%に変わるか。

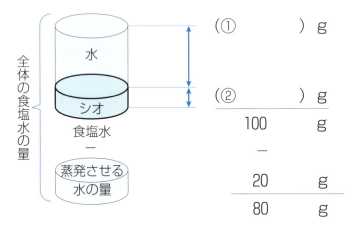

(①　　)g

(②　　)g
100　g
－
20　g
―――――――
80　g　　□%

重要!

3 10%の食塩水100gにシオを8g加えるとおよそ何%に変わるか。四捨五入して、一の位まで求める。

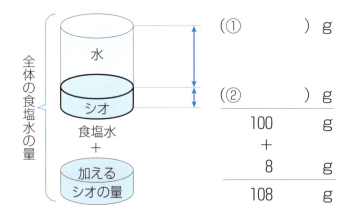

(①　　)g

(②　　)g
100　g
＋
8　g
―――――――
108　g　約□%

ここがPOINT！Ⅱ

シオ＝「%」×「g」÷100

解答と解説

1 解答 4

まず、シオの量を求める。

「%」×「g」÷100より、10×100÷100＝10（g）

次に、水の量を求める。食塩水－シオの量＝100－10＝90（g）

この食塩水に水を150g加えると、分母の食塩水全体の量は、（100＋150)g

濃度は、「食塩水全体の中のシオの量の割合」なので、

$$濃度＝\frac{シオ×100}{シオ＋水}＝\frac{10×100}{100＋150}＝\frac{1000}{250}＝4（\%）$$

＊この濃度の式を SPI 的にまとめると→ $濃度＝\dfrac{シオ×100}{シオ＋水}$

水を加える問題では「**水を増やす**」ので、

この公式では、**分母に（＋x）を加えた式**で計算すればよい。

空欄の答え ①90 ②10

2 解答 12.5

まず、シオの量を求める。

「%」×「g」÷100より、10×100÷100＝10（g）

次に、100gの食塩水から水を20g蒸発させる。つまり水を20g減らすので

「－20」にして分母に加える。

公式に当てはめて考えると、

$$濃度＝\frac{シオ×100}{シオ＋水}より、\frac{10×100}{100－20}＝\frac{1000}{80}＝12.5（\%）$$

＊水を蒸発させる問題では「**水を減らす**」ので、**分母に（－x）を加えた式**で計算

すればよい。

空欄の答え ①90 ②10

3 解答 17

シオを加える問題；「**シオを増やす**」ので、この公式では、**分母・分子に（＋x）**
を加えた式で計算すればよい。

$$濃度＝\frac{（10＋8）×100}{100＋8}＝\frac{1800}{108}＝\frac{100}{6}＝16.6……≒17（\%）$$

空欄の答え ①90 ②10

1

練習問題1

濃 度 ①

練習問題２ | 1 濃　度 ①

□に答えなさい。

重要!

1 ９％の食塩水200ｇに水を加えて６％にしようと思う。加える水は何ｇ必要か。

| A | 80ｇ | B | 90ｇ | C | 100ｇ | D | 120ｇ |
| E | 140ｇ | F | 150ｇ | G | 180ｇ | H | 該当なし |

2 ４％の食塩水が300ｇある。これの水を蒸発させて濃度を12%にしたい。蒸発させる水は何ｇか。

| A | 100ｇ | B | 120ｇ | C | 140ｇ | D | 160ｇ |
| E | 180ｇ | F | 200ｇ | G | 220ｇ | H | 該当なし |

よく出る

3 ５％の食塩水が400ｇある。ここに50ｇのシオを加えると濃度はおよそいくらになるか。

| A | 15.0% | B | 15.2% | C | 15.4% | D | 15.6% |
| E | 16.0% | F | 16.2% | G | 16.4% | H | 16.6% |

14

ここがPOINT！ Ⅲ

$$濃度(\%) = \frac{シオ \times 100}{シオ + 水}$$

解答と解説

1 解答 C

シオの量を求める；「％」×「ｇ」から０を２つ取り去る、と考える。
9×200＝1800から00を取ると、18ｇ
加える水を x ｇとすると、求める濃度は、

$$濃度 = \frac{シオ \times 100}{シオ + 水} より、\frac{18 \times 100}{200 + x} = 6(\%)$$

これを変形すると、「答え×分母＝分子」より、

$6(200+x) = 18 \times 100$
$1200 + 6x = 1800$
$6x = 600$
$x = 100 (g)$

（$\frac{△}{○} = □$のとき、$□ \times ○ = △$と変形できる。）

2 解答 F

シオの量；4×300÷100＝12（g）
蒸発させる水の量を x ｇとすると、

$$濃度 = \frac{シオ \times 100}{シオ + 水} より、\frac{12 \times 100}{300 - x} = 12(\%)$$

$12(300 - x) = 1200$
$-12x = 1200 - 3600 = -2400$
$x = 200 (g)$

（蒸発させる水の量は、－x ｇとおく。）

（慣れたらあらかじめ"00"を取っておく。）

3 解答 D

シオの量；5×4＝20（g）

加えるシオの量が50ｇだから、$濃度 = \frac{シオ \times 100}{シオ + 水}$ より、

$$\frac{(20+50) \times 100}{400+50} = \frac{7000}{450} = \frac{700}{45} = 15.555\cdots\cdots ≒ 15.6(\%)$$

2 濃度 ② ▶ 異なる濃度の食塩水を混ぜる

溶液全体の中に混ざっているものの割合を求める問題

STEP　2つの容器の濃度がわかる場合

10%の食塩水が200g入っている容器(A)、4%の食塩水が300g入っている容器(B)のそれぞれの食塩水を混ぜると濃度は何%になるか。

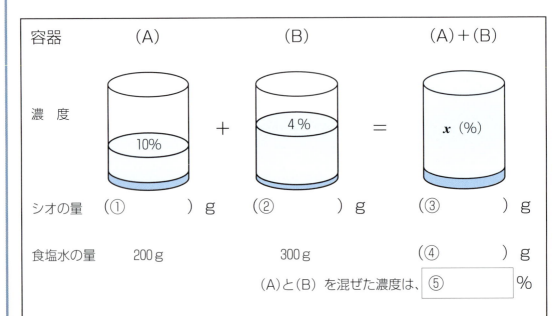

容器	(A)	(B)	(A)+(B)
濃度	10%	4%	x (%)
シオの量	(①　　　)g	(②　　　)g	(③　　　)g
食塩水の量	200g	300g	(④　　　)g

(A)と(B)を混ぜた濃度は、⑤　　　%

〈解法のポイント〉

1つの容器の水やシオの量が加減する場合は、

$$濃度 = \frac{シオ \times 100}{シオ + 水}$$ の式に当てはめて計算する。

2つ以上の容器の食塩水を混ぜる場合
　1）それぞれのシオの量の和の式　……❶
　2）それぞれの食塩水の量の和の式　…❷
　3）混ぜた後の濃度の式　　　　　……❸
の(連立方程)式で求めることができる。

> ここがPOINT！Ⅰ
> ●出題パターンは3つだけ！
>   1　水を加える　　2　水を減らす　　3　シオを増やす

2 濃度②

考え方

STEP　解答　① 20　② 12　③ 32　④ 500　⑤ 6.4

図で表すと下の図のようになる。

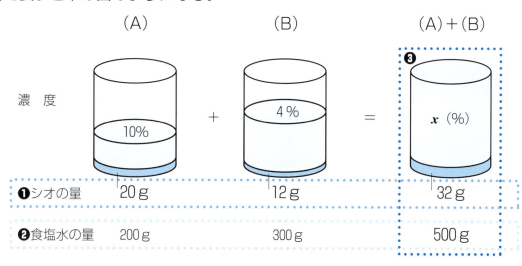

❶　まず、それぞれのシオの量を求める。
　容器Aの場合；10％の食塩水が200g入っているので、
　「％×g÷100」より、10×200÷100＝20（g）
　容器Bの場合；4％の食塩水が300g入っているので、
　「％×g÷100」より、4×300÷100＝12（g）
　混ぜた後のシオの量；20＋12＝32（g）

❷　次に、食塩水の量を求める。
　容器Aと容器Bの合計なので、200＋300＝500（g）

❸　最後に、(A)と(B)を混ぜた後の濃度を求める。
　濃度＝$\frac{シオ×100}{シオ＋水（食塩水）}$ より、$\frac{32×100}{200＋300}＝\frac{3200}{500}＝6.4$（％）

練習問題1 2 濃度②

☐と（　）に答えなさい。

1 8％の食塩水200ｇが入っている容器(A)と2％の食塩水 x ｇが入っている容器(B)を混ぜて4％の濃度にしたい。2％の食塩水は何ｇ必要か。

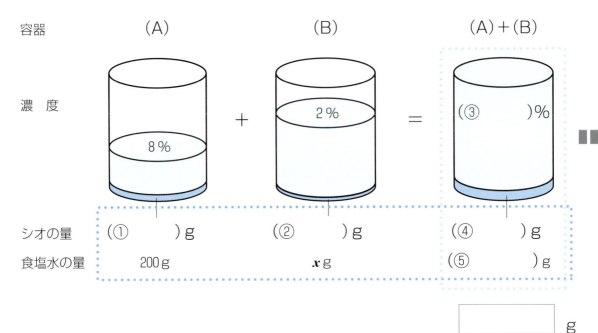

☐ ｇ

● **1** の考え方を下の例で練習してみよう。
・容器(C)：4％の食塩水300ｇ　の場合

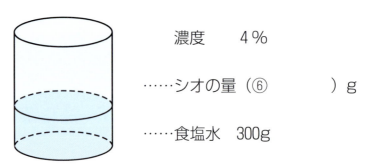

・容器(D)：7％の食塩水 x ｇ　の場合

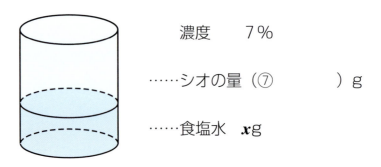

ここがPOINT！ II

●方程式を立てると速い！
1；シオの量を求める式　　2；食塩水の量を求める式

解答と解説

解答　400

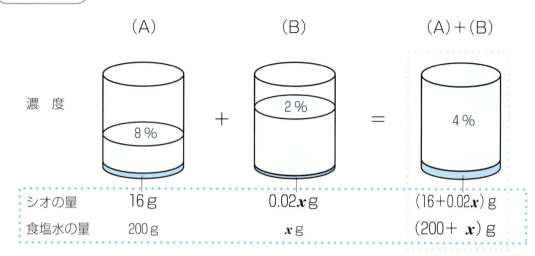

❶ 混ぜる前のそれぞれのシオの量を求める式を立てる。
容器A：(%)×(g) = 8×200 = 1600
容器B：(%)×(g) = 2×x = 2x

> 2つの容器の食塩水を混ぜる場合は、「÷100」しないで計算すると、分数や小数が出てこないので、あとがラク！

全体のシオの量：1600 + 2x ……❶′

❷ 混ぜた食塩水の量から、混ぜた後の
シオの量を求める。
容器A＋容器B＝混ぜた量　だから、
(200 + x) g
　　↑混ぜた量

> ❶で「÷100」しなかったので、ここでも「÷100」しない。

これが4％になったので、シオの量は；4×(200 + x) ……❷′

❸ ❶′＝❷′として、方程式を解く。
$1600 + 2x = 4 \times (200 + x)$
$1600 + 2x = 800 + 4x$
$800 = 2x \quad x = 400$

空欄の答え　①16　②0.02x　③4　④16+0.02x　⑤200+x　⑥12　⑦0.07x

練習問題2　**2** 濃　度 ②

□に答えなさい。

1 7％の食塩水が120gある。これに4％の食塩水を混ぜて、5％の食塩水を作りたい。4％の食塩水は何g混ぜればよいか。

A　120g　　B　140g　　C　160g　　D　200g
E　220g　　F　240g　　G　250g　　H　280g

2 10％の食塩水と15％の食塩水を混ぜて、12％の食塩水を800g作る。このとき、10％の食塩水は何g必要か。

A　320g　　B　340g　　C　360g　　D　400g
E　420g　　F　440g　　G　450g　　H　480g

よく出る

3 果汁を30％含むジュースと濃度がわからないジュースが100gある。これを混ぜたら40％の濃度のジュースが500gできた。100gのジュースの濃度はいくらか。

A　28％　　B　30％　　C　34％　　D　40％
E　52％　　F　64％　　G　75％　　H　80％

ここがPOINT! Ⅲ

●連立方程式の解き方　1；代入法　2；加減法

2

練習問題2

濃度②

解答と解説

1 解答　F

「％」×「g」より、シオの量を求める。

容器A；$7 \times 120 = 840$

容器B；$4 \times x = 4x$ ◀······ 4％の食塩水の量を x g とする。

混ぜたシオの量；$5 \times (120 + x)$

よって、$840 + 4x = 5 \times (120 + x)$

$\qquad 840 + 4x = 600 + 5x$

$\qquad\qquad x = 240\,(\text{g})$

> ただし，方程式を整数で出すと計算しやすいので，（÷100）はしない。

2 解答　H

10％の食塩水の量；x g、15％の食塩水の量；y g とする。

10％の食塩水のシオの量；（％）×（g）$= 10 \times x = 10x$

15％の食塩水のシオの量；（％）×（g）$= 15 \times y = 15y$

合わせると12％の食塩水が800gできるので、12×800

$\qquad 10x + 15y = 12 \times 800$ ◀······

$\qquad 10x + 15y = 9600$　……①

混ぜた食塩水の量を求める。

$\qquad x + y = 800$　……②

①－②×15　$-5x = -2400$

$\qquad\qquad x = 480\,(\text{g})$

> 式を整数で出したので，これも，（÷100）はしない。

筆算の式

$$
\begin{array}{r}
10x + 15y = 9600 \\
-)\ 15x + 15y = 12000 \\
\hline
-5x \qquad\quad = -2400 \\
x \qquad = 480
\end{array}
$$

> x の値を求めたいので、y の係数をそろえて計算する。

3 解答　H

果汁を30％含むジュースの量を x g、ジュース100 g の濃度を y％とする。

ジュース x g の果汁の量；$30x$

ジュース100 g の果汁の量；$100y$

合わせた果汁の量；$40 \times 500 = 20000$

よって、$30x + 100y = 20000$　……①

ジュースの量；$x + 100 = 500$　より　$x = 400\,(\text{g})$　……②

②を①に代入　$30 \times 400 + 100y = 20000$

$\qquad\qquad\qquad y = 80\,(\%)$

21

3 速さ・距離・時間 ① ▶距離が一定の場合

公式を使ってきまった「距離」での関係を表す

STEP 1　速さを求める

135kmの距離を3時間で走る車の速さは、時速何kmか。

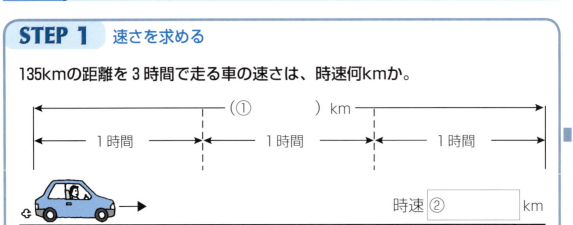

STEP 2　時間を求める

分速125mの速さで進む列車が3km進むには何分かかるか。

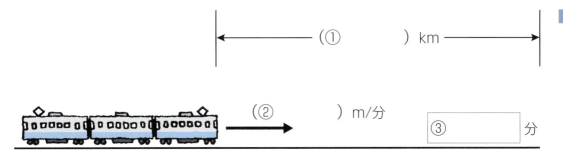

STEP 3　距離を求める

ある人がA地とB地を往復する。行きは3km/時、帰りは5km/時で歩いたら24分で帰って来ることができた。A地とB地の距離はいくらか。

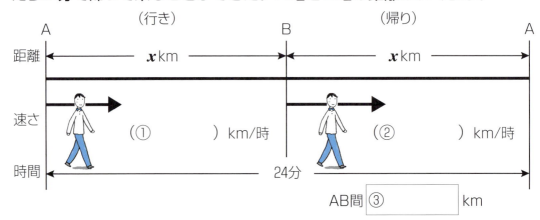

ここがPOINT！ I

キ（距離）
ハ（速さ）× ジ（時間）

距離 ＝ 速さ × 時間

考え方

STEP 1　解答　① 135　② 45

「速さ＝距離÷時間」なので、これに「距離」である135kmと「時間」である3時間を代入して速さを求める。

速さ＝135÷3＝45（km/時）

STEP 2　解答　① 3　② 125　③ 24

まず、単位を合わせる。距離＝3km、速さ＝分速125mなので、求める答えに合わせるために、単位（km）を（m）に合わせ、時間を分で求める。

3km＝3000m

かかる時間を x 分とすると、「距離＝速さ×時間」なので、

$3000 = 125 \times x$

$x = 3000 \div 125 = 24$（分）

STEP 3　解答　① 3　② 5　③ $\frac{3}{4}$

関係を図で表すと下のようになる。
項目は、上から「距離」・「速さ」・「時間」にすると計算しやすい。

（例）

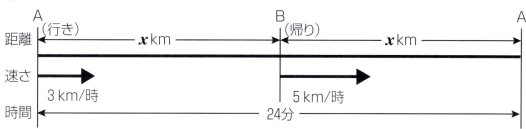

時間と速さがわかっているので、求める距離を x kmとすると、

行きの時間は、$x \div 3 = \frac{x}{3}$（時間）　　帰りの時間は、$x \div 5 = \frac{x}{5}$（時間）

合計は24分なので、これを「時間」の単位に合わせると、$\frac{24}{60} = \frac{2}{5}$（時間）

よって、$\frac{x}{3} + \frac{x}{5} = \frac{2}{5}$

両辺を15倍して、整数で計算する。

$5x + 3x = 6$　　$8x = 6$　　$x = \frac{6}{8} = \frac{3}{4}$（km）

練習問題 1　3　速さ・距離・時間 ①

☐ と（　）に答えなさい。

1 家から750m離れた体育館へトレーニングをしに行く。初めは分速45mでゆっくり歩き、途中から分速60mに速めて歩いたら15分で体育館に着いた。分速45mで歩いた時間は何分だったか。

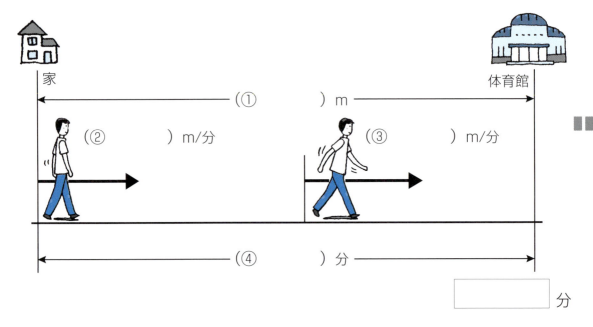

①（　）m　②（　）m/分　③（　）m/分　④（　）分

☐ 分

2 家から最寄りの駅まで時速4kmで歩くのと、時速8kmで走っていくのとでは、かかる時間は15分違う。家から最寄りの駅までの距離を求めよ。

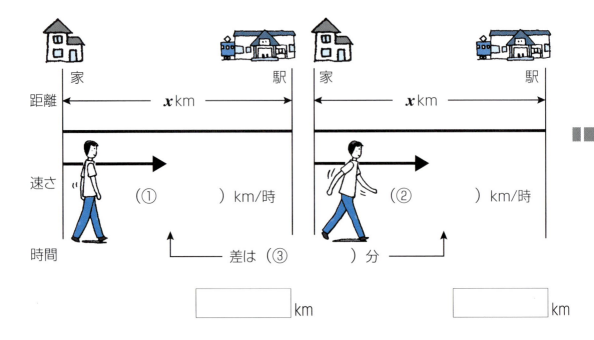

距離 x km　速さ ①（　）km/時　②（　）km/時　時間　差は③（　）分

☐ km　☐ km

ここがPOINT! Ⅱ

キ/ハ×ジ

時間＝距離 ÷ 速さ

解答と解説

1 解答 10

関係を図で表すと下のようになる。

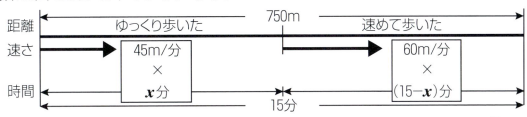

「距離＝速さ×時間」なので、分速45mで歩いた時間を x 分とすると、歩いた距離＝$45 \times x$（m）
分速60mで歩いた時間は $(15-x)$ 分なので、
距離＝$60 \times (15-x)$（m） その合計が750mだから、

$$45 \times x + 60 \times (15-x) = 750$$
$$45x + 900 - 60x = 750 \quad -15x = -150$$
$$x = 10（分）$$

空欄の答え ①750 ②45 ③60 ④15

2 解答 2

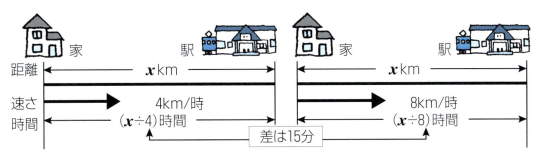

「時間＝距離÷速さ」で、わかっている数を当てはめる。

家から駅までの距離を x kmとすると、

時速4kmで歩く時間＝$x \div 4 = \dfrac{x}{4}$（時間）　時速8kmで走る時間＝$x \div 8 = \dfrac{x}{8}$（時間）

どちらが早く着くかというと、時速8kmで走るときである。

その差は15分なので、$\dfrac{1}{4}$ 時間。

(かかる時間の差を求める式は) $\dfrac{x}{4} - \dfrac{x}{8} = \dfrac{1}{4}$

15は単位が「分」なので、「時間」に直すと、$\dfrac{15}{60} = \dfrac{1}{4}$（時間）

両辺に8をかけて　$2x - x = 2$　$x = 2$（km）

空欄の答え ①4 ②8 ③15

練習問題2　**3** 速さ・距離・時間 ①

　□に答えなさい。

重要！

1 学校から練習所まで1200mの距離を進む。初めは分速60mで歩き、あとから分速100mの速さで走ったら15分で着いた。歩いたのは何分か。

　A　5分　　　B　5.5分　　C　6分　　　D　6.5分
　E　7分　　　F　7.5分　　G　8分　　　H　該当なし

2 駅からアリーナまで1.5kmを走っていく。駅から途中にあるコンビニまでは毎分140mで走り、そこからアリーナまでは毎分160mにスピードを上げて走ったら10分で着いた。駅からコンビニまでの距離は何mか。

　A　400m　　B　500m　　C　600m　　D　700m
　E　800m　　F　900m　　G　1000m　　H　該当なし

よく出る

3 都内の店から自宅までクルマで帰った。時速36kmで帰ったときと時速40kmで帰ったときとでは5分の差があった。都内の店から自宅までの距離はいくらか。

　A　24km　　B　25km　　C　26km　　D　28km
　E　30km　　F　32km　　G　34km　　H　該当なし

ここがPOINT! Ⅲ

$$\frac{キ}{ハ×ジ}$$ 速さ＝距離÷時間

解答と解説

1 解答　F

求めたい歩いた時間を x 分とする。
歩いた距離＝$60×x＝60x$ (m)
走った距離＝$100×(15-x)$ (m)
よって、$60x+100×(15-x)=1200$
　　　　$-40x=-300$　　$x=7.5$ (分)

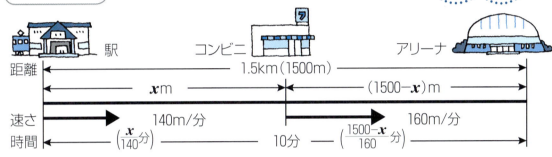

> 進んだ距離の和＝1200m に着目して、方程式をつくる。

2 解答　D

求めたい駅からコンビニまでの距離を x m とし、「時間＝距離÷速さ」にわかっている数を当てはめる。

駅からコンビニまでの時間；$x÷140=\dfrac{x}{140}$ (分)

コンビニからアリーナまでの時間；$(1500-x)÷160=\dfrac{1500-x}{160}$ (分)

合計が10分なので、$\dfrac{x}{140}+\dfrac{1500-x}{160}=10$

$8x+7(1500-x)=11200$
$8x+10500-7x=11200$
　　　$x=11200-10500$　　$x=700$ (m)

> かかった時間＝10分 に着目して、方程式をつくる。

> 両辺に140と160の最小公倍数をかけて整数にする→×1120

3 解答　E

求めたい都内の店から自宅までの距離を x km とすると、

時速36kmで帰ったときの時間；$x÷36=\dfrac{x}{36}$ (時間)

時速40kmで帰ったときの時間；$x÷40=\dfrac{x}{40}$ (時間)

その差が5分なので「時間」に直すと、$\dfrac{5}{60}=\dfrac{1}{12}$ (時間)

時速40kmの方がかかる時間が短いので、$\dfrac{x}{36}-\dfrac{x}{40}=\dfrac{1}{12}$

両辺に360をかけて、$10x-9x=30$　　$x=30$ (km)

> 時間の差5(分)＝$\dfrac{1}{12}$(時間)に着目して、方程式をつくる。

4 速さ・距離・時間 ② ▶ 通過に関する問題

公式を使って、きまった「距離」での関係を表す

STEP 1　列車が定点を通過する場合

長さ200mの列車が電柱を通過するのに8秒かかった。この列車の速さはいくらか。

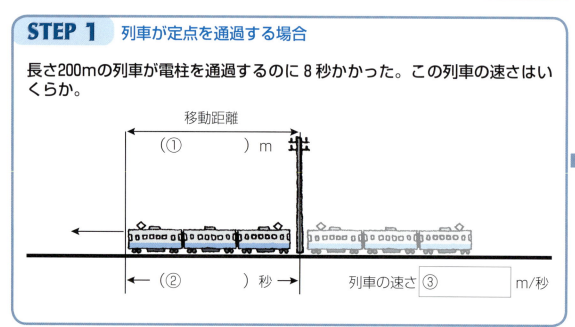

STEP 2　列車が橋を通過する場合

240mの長さの列車が560mの橋を渡るのに40秒かかった。この列車の速さは時速何kmか。

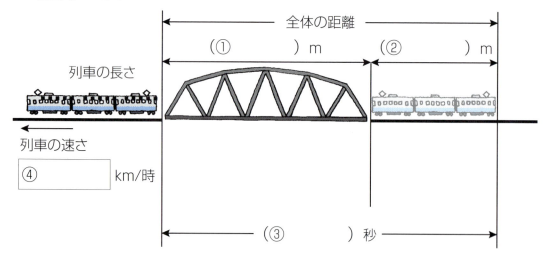

● 「距離」＝キ、「速さ」＝ハ、「時間」＝ジ
＊距離は必ず「分子」に置く！

考え方

STEP 1　解答　① 200　② 8　③ 25

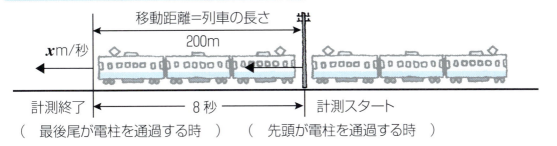

ある地点を通過する場合、時間を計るタイミングは、先頭がその地点を通過する時から最後尾がその地点を通過し終わる時までである。
つまり、**その距離は列車の長さに等しい。**
「速さ＝距離÷時間」なので、その距離を通過する時間で割れば列車の速さが求められる。この場合、列車の長さが200m、かかった時間が8秒だったので、列車の速さは、200÷8＝25(m/秒)になる。

STEP 2　解答　① 560　② 240　③ 40　④ 72

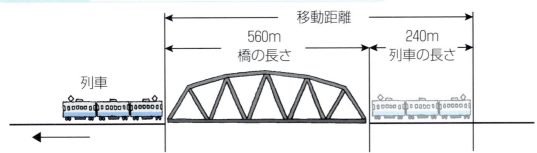

この場合、移動距離の合計がいくらかを求めることが重要である。
上の図にあるように、**移動距離は橋の長さと列車の長さの合計**になる。
　240＋560＝800(m)
「速さ＝距離÷時間」なので、列車の速さは、
　800÷40＝20(m/秒)
「秒速」を「時速」に変えると、20×60×60÷1000＝72(km/時)
※1時間＝60分、1分＝60秒なので、1時間＝60×60＝3600秒

問題文の単位にそろえないと不正解！

練習問題 1 ④ 速さ・距離・時間 ②

[   ]と(   )に答えなさい。

重要!

1 22m/秒で走る240mの長さの列車Ａと20m/秒で走る長さ180mの列車Ｂがすれ違うのにかかる時間は何秒か。

列車Ａの長さ（①　　　）m　　　　列車Ｂの長さ（③　　　）m
　　速さ（②　　　）m/秒　　　　　　　速さ（④　　　）m/秒

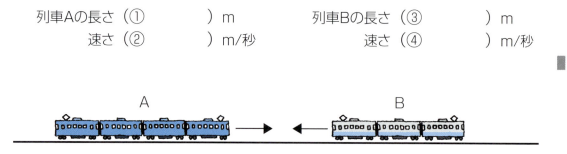

[   ] 秒

2 長さ220m、秒速18mのＡ列車が、秒速16.5mのＢ列車に追いついてから追い越すまでに4分かかりました。Ｂ列車の長さを求めなさい。

追いつく

（①　　　）m　A：（②　　　）m/秒

B：（③　　　）m/秒

追い越す

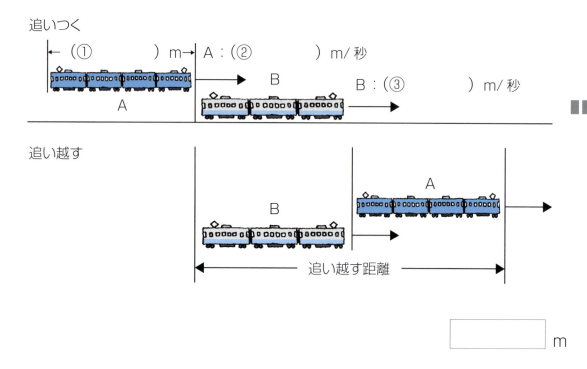

追い越す距離

[   ] m

30

ここがPOINT! II

定点を通過；移動距離＝列車の長さ
追い越し；移動距離＝列車の長さの和

解答と解説

1 解答 10

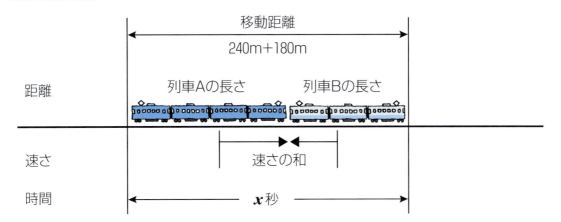

すれ違う列車の場合、
「距離」は2つの列車の長さの和になるので、240＋180＝420(m)
「速さ」は2つの列車の速さの和なので、22＋20＝42(m/秒)
求める時間を x 秒として、
「時間＝距離÷速さ」の公式に当てはめて、「時間」を求めると、
　x＝420÷42＝10(秒)

空欄の答え　①240　②22　③180　④20

2 解答 140

> 速さが秒速なので、単位は秒の方が計算しやすい。

4分＝240秒
A列車がB列車に追いついてから追い越すまでにかかった時間は、240秒。
この240秒の間に進んだ距離の差が、両列車の長さの和になる。
2つの列車の速さの差は、Aが秒速18m、Bが秒速16.5mなので、
1秒ごとに、18－16.5＝1.5(m)縮まることになる。
この速さの差と時間をかけると両列車の長さの和になるので、求める長さは、
　1.5×240＝360(m)
全体の長さからA列車の長さを引くと求めたいB列車の長さになるので、
　360－220＝140(m)

空欄の答え　①220　②18　③16.5

練習問題2　4　速さ・距離・時間 ②

☐に答えなさい。

1 一定の速さで走っている特急列車が570mのトンネルに入ってから、出終わるまで30秒かかり、1320mのトンネルに入ってから、出終わるまでに60秒かかった。この特急列車の速さはいくらか。

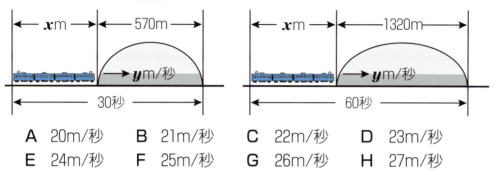

A　20m/秒　　B　21m/秒　　C　22m/秒　　D　23m/秒
E　24m/秒　　F　25m/秒　　G　26m/秒　　H　27m/秒

2 一定の速さで走っている列車が、長さ250mのトンネルを通過するのに20秒かかり、長さ550mの鉄橋を通過するのに35秒かかった。このとき、この列車の長さはいくらか。

A　120m　　B　140m　　C　150m　　D　160m
E　180m　　F　200m　　G　210m　　H　該当なし

よく出る

3 一定の速さで走っているE電車が長さ195mの橋を渡り始めてから渡り終わるまでに15秒かかる。このE電車が、前方からやってきた長さ110m、速さ21m/秒のT電車と出合ってからすれ違うまでに5秒かかった。E電車の速さは時速何kmか。

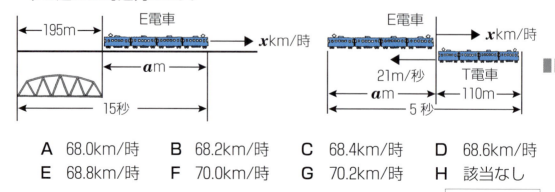

A　68.0km/時　　B　68.2km/時　　C　68.4km/時　　D　68.6km/時
E　68.8km/時　　F　70.0km/時　　G　70.2km/時　　H　該当なし

ここがPOINT！ Ⅲ

トンネルや鉄橋通過；移動距離＝トンネル（鉄橋）の長さ＋列車の長さ

解答と解説

1 解答　F

特急列車の長さを x m、速さを秒速 y mとすると、
570mのトンネルを抜けるときの距離は、$(570＋x)$ m
距離＝速さ×時間　より、$570＋x＝y×30$

> 距離についての方程式2つで、連立方程式をつくる。

　$x－30y＝－570$　……①
1320mのトンネルを抜けるときの距離は$(1320＋x)$ mより、$1320＋x＝y×60$
　$x－60y＝－1320$　……②
　①－②　$30y＝750$　　$y＝25$（m/秒）

2 解答　C

列車の長さを x mとすると、長さ250mのトンネルを通過するときの距離は、$(250＋x)$ m
それを通過するのに20秒かかったので、速さは、$(250＋x)÷20$（m/秒）
長さ550mの鉄橋を通過するときの距離は、$(550＋x)$ m
それを通過するのに35秒かかったので、速さは、$(550＋x)÷35$（m/秒）

> 2つの速さは同じ。

　$(250＋x)÷20＝(550＋x)÷35$
両辺に割る数20と35の最小公倍数140をかけて、　$7(250＋x)＝4(550＋x)$
　$1750＋7x＝2200＋4x$　　$3x＝450$　　$x＝150$（m）

3 解答　C

E電車の長さを a（m）、速さを y（m/秒）とすると、195mの長さの橋を渡り始めてから渡り終わるまでに15秒かかるので、距離；$(195＋a)$ m　時間；15秒
速さ＝距離÷時間より、$(195＋a)÷15＝y$
　$a－15y＝－195$　……①
2つの電車が出合ってからすれ違うまでの距離；$(a＋110)$ m
2つの電車が出合ってからすれ違うまでの時間；5秒
2つの電車の速さの和；$(y＋21)$ m/秒

> 時速に直すのは最後に計算する。

　距離＝速さ×時間　より、$a＋110＝5(y＋21)$
　$a－5y＝－5$　……②
　①－②　$－10y＝－190$　　$y＝19$（m/秒）
秒速19mを時速にかえれば答えになる。$x＝19×3600÷1000＝68.4$（km/時）

4 練習問題2　速さ・距離・時間②

5 速さ・距離・時間 ③ ▶ 進む向きに関する問題

公式を使って、きまった「距離」での関係を表す

STEP 1　同じ方向の場合

幼い弟と兄が100m競走をした。弟は80m/分、兄は100m/分で走った。兄がゴールしたとき、弟はゴールから何mのところにいるか。

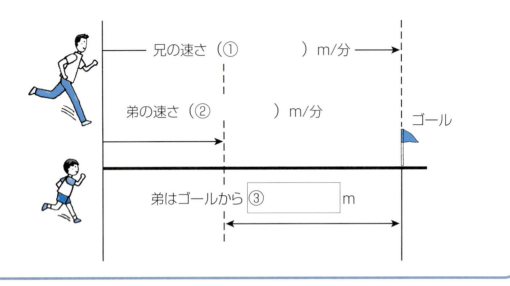

STEP 2　追いつく場合

妹が8時に家を出た。3分後に忘れ物に気がついた姉が後を追いかけた。妹は秒速1mで歩き、姉は秒速3mの速さで自転車で走っていくとき、姉が家を出てから何分後に妹に追いつくか。

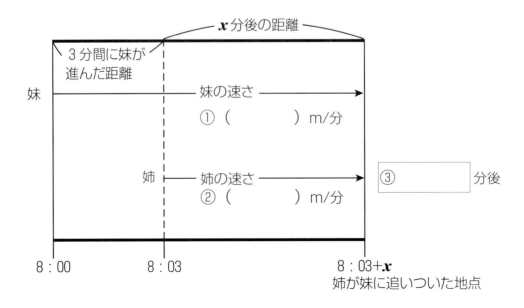

> **ここがPOINT! I**
> 同じ方向の場合；2人の速さの"差"が「速さ」として計算できる

考え方

STEP 1　解答　① 100　② 80　③ 20

兄の速さは、100m/分だから、
ゴールするまでにかかった時間は1分間ということになる。
そのとき、弟は80m/分で走るので、1分間では80m進んでいる。
したがって、100−80＝20(m)

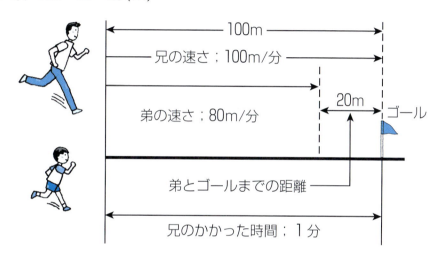

STEP 2　解答　① 60　② 180　③ 1.5

答えの単位に合わせるために、「秒」を「分」にかえる必要がある。
秒速1mは、1×60＝60(m/分)なので、歩いた妹が3分で進んだ距離は、
60×3＝180(m) になる。
姉は妹と同じ方向に秒速3m、つまり分速180mの速さで走っていったので、
2人の速さの差は、180−60＝120(m/分)
これは、1分ごとに2人の距離が120mずつ縮まるということ。
追いつくまでにかかる時間は、「距離÷速さ」より、180÷120＝1.5(分後)

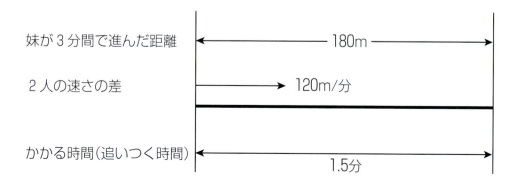

練習問題1 5 速さ・距離・時間 ③

□と( )に答えなさい。

1 友達から電話があり、お互いに家から出発し、途中で会うことにした。私は毎分60mの速さで歩き出し、友達は毎分200mの速さで自転車で来たので8分後に会うことができた。お互いの家と家の距離は何mか。

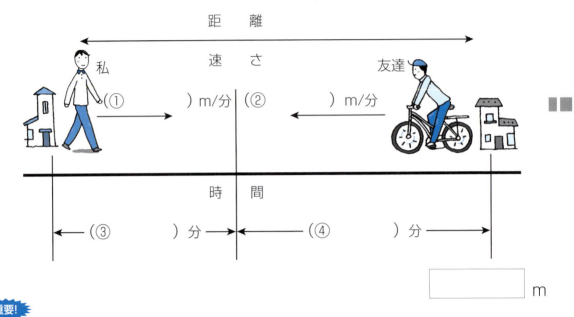

□ m

2 1周400mの池の周りを姉と妹が走る。姉は1秒で6m、妹は1秒で4m進む。2人が反対に走る場合、何秒後に出会うか。

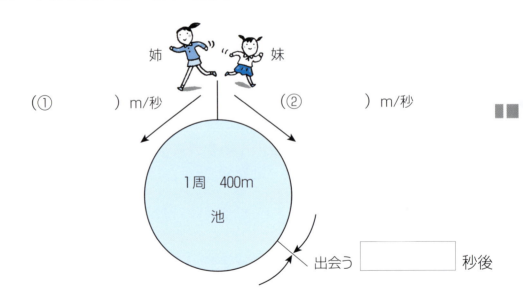

出会う □ 秒後

ここがPOINT! Ⅱ
反対に進む場合；2人の速さの"和"が「速さ」になる

解答と解説

1 解答　2080

互いに家を出てから2人が出会うまでの時間が8分だから、
私が歩いた距離は、60×8＝480(m)
友達が自転車で来た距離は、200×8＝1600(m)
お互いの家の距離；480＋1600＝2080(m)

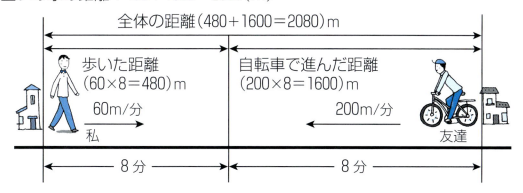

空欄の答え　①60　②200　③8　④8

2 解答　40

反対を向いて走る場合、時間が経つと2人の距離は、それぞれ、スタートした場所からだんだん離れていく。
1秒後、2人の間隔は「6m＋4m」で10mになる。
2秒後は20m、3秒後は30m……と1秒ごとに2人の速さの和である10mずつ増えていく。
出会うというのは**2人が走った距離の和が池の周りの長さ**になるということなので、出会うまでの距離は400mである。
全体の距離が400mで、1秒ごとに10mずつ縮まるので、
出会う時間は、距離÷速さより、
400÷10＝40(秒)

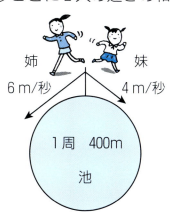

空欄の答え　①6　②4

練習問題2 **5** **速さ・距離・時間 ③**　　　□に答えなさい。

1 妹が映画を見るために家を出てから20分経ったときに、兄が妹の携帯電話を渡すために妹を追いかけた。妹は毎分40mで歩き、兄は毎分200mで走っていった。兄は家を出てから何分後に妹に追いついたか。

A　4分後　　B　5分後　　C　6分後　　D　7分後
E　8分後　　F　9分後　　G　10分後　　H　該当なし

2 周囲が2850mと書かれた競技場の周りを藍さんは95m/分でジョギングし、静香さんは55m/分で歩いた。2人が同時に反対方向に進むとき、出会うのは進み始めてから何分後か。

A　15分後　　B　16分後　　C　17分後　　D　18分後
E　19分後　　F　20分後　　G　21分後　　H　該当なし

難

3 H市にいるあゆみさんは帰省のため、160km離れた実家のO町に向かった。連絡を受けたO町の実家の母恭子さんは、あゆみさんを迎えにいくためにあゆみさんがH市を出発した時間より30分後に、時速40kmの軽自動車に乗って出かけた。あゆみさんが時速50kmのバイクで帰るとすると、2人が出会うのはあゆみさんが出発してから何時間後か。

A　1時間後　　B　1時間30分後　　C　2時間後　　D　2時間30分後
E　3時間後　　F　3時間30分後　　G　4時間後　　H　該当なし

38

> ここがPOINT! Ⅲ
>
> ## 速さの速い方がかかる時間が短い

解答と解説

1 解答　B

兄が妹に追いつく時間を x 分後とすると、
妹が進んだ距離；速さ×時間＝$40×(20+x)$(m)
兄が進んだ距離；$200×x$(m)
これらが等しくなるので、$40×(20+x)=200×x$
　$800+40x=200x$　　$800=160x$　　$x=5$（分）

妹は兄より20分余分に歩いている。

2 解答　E

2人が出会う時間を x 分後とすると、
藍さんの進んだ距離；$95×x=95x$(m)
静香さんの進んだ距離；$55×x=55x$(m)
2人が x 分間に離れる距離；$95x+55x$(m)
合計距離は競技場1周分なので、2850m
よって、$95x+55x=2850$
　　　　　　$150x=2850$
　　　　　　　　$x=19$（分）

別解；
2人が1分間に離れる距離は、
$95+55=150$(m)
出会うまでの時間は、
$2850÷150=19$（分）

3 解答　C

2人が出会う時間を x 時間後とすると、
あゆみさんの速さ；時速50km
あゆみさんの移動時間（2人が出会うまでの時間）；x 時間
あゆみさんの移動距離；$50×x=50x$(km)　……①
恭子さんの速さ；時速40km
恭子さんの移動時間；あゆみさんより30分遅く出たので、$x-\dfrac{30}{60}=x-\dfrac{1}{2}$（時間）
恭子さんの移動距離；$40\left(x-\dfrac{1}{2}\right)$(km)　………②
合計距離；160kmなので、
　①＋②　$50x+40\left(x-\dfrac{1}{2}\right)=160$　　$90x-20=160$　　$90x=180$
　　　　　　$x=2$（時間）

6 ものの値段と個数 ▶ 合計金額

もの値段に関するしくみを使った問題

STEP 1　同じものの代金を求める

80円のエンピツを12本買うと、代金はいくらになるか。

STEP 2　同じものの代金と他のものの合計を求める

80円のエンピツ1本と120円のノート5冊を買うと、代金はいくらになるか。

ノートの冊数	ノートの代金	代金の合計
1	（①　　）円	80＋120＝200円
2	240円	80＋240＝320円
3	360円	80＋360＝440円
4	（②　　）円	80＋（②　　）＝560円
（③　　）	600円	80＋600＝④　　円

STEP 3　2種類のものをいくつかずつ買ったときの合計を求める

80円のエンピツ1ダースと120円のノート15冊を買うと、代金はいくらになるか。

エンピツ（①　　）本　　ノート（②　　）冊

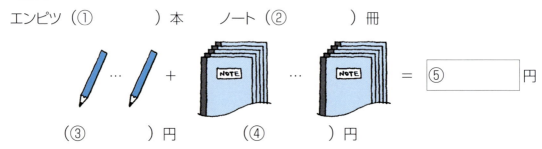

ここがPOINT! I

「合　計」＝「値段 × 本数」＋「値段 × 冊数」

考え方

STEP 1　解答　① 80　② 960

80円のエンピツを 1 本買うと、代金は80×1＝80(円)になる。

2 本では、80×2＝160(円)、 3 本では、80×3＝240(円)

つまり、「代金」は、「1本の値段×本数」で表すことができる。

　合計；80×12＝960(円)

STEP 2　解答　① 120　② 480　③ 5　④ 680

エンピツは 1 本なので80円と決まる。

これに120円のノートが 5 冊なので、その代金を計算し、それを合計すると求める金額になる。

　80＋120×5 ＝80＋600＝680(円)

↑ エンピツの値段

↑ ノートの値段×冊数

STEP 3　解答　① 12　② 15　③ 960　④ 1800　⑤ 2760

エンピツ 1 ダース(12本)とノート15冊の場合、

エンピツの代金；80×12(円)

ノートの代金　；120×15(円)

なので、合計金額は 2 つの和になる。

　80×12＋120×15＝960＋1800＝2760(円)

↑ エンピツの値段×本数

↑ ノートの値段×冊数

6

ものの値段と個数

41

練習問題1 6 ものの値段と個数

□と( )に答えなさい。

1 1本90円のエンピツを何本か買って500円を出したら、おつりが140円だった。買った数は何本か。

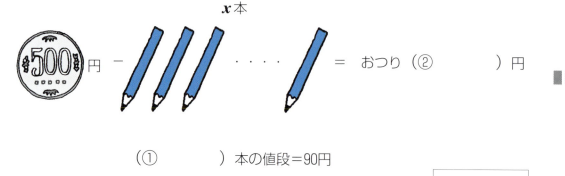

（① 　　）本の値段＝90円

□ 本

2 6個入りのお菓子を1箱買うと1000円である。これには箱代が100円入っている。お菓子1個の値段はいくらか。

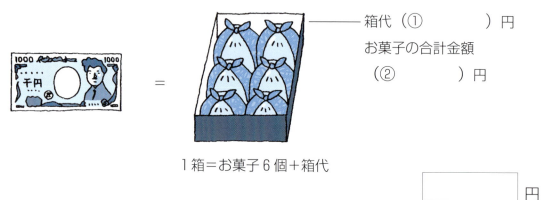

1箱＝お菓子6個＋箱代

□ 円

3 1個120円の柿と1個140円のりんごを合わせて14個買ったら1840円だった。柿はいくつ買ったことになるか。

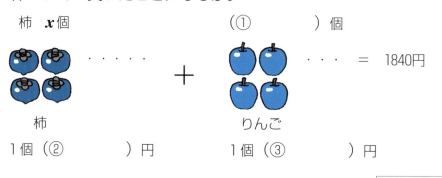

□ 個

ここがPOINT! Ⅱ

代金＝支払額－おつり 「支払額－代金＝おつり」 「おつり＝支払額－代金」

解答と解説

1 解答 4

買ったエンピツの本数を x 本とすると、代金は次のようになる。

$90 \times x = 90x$（円）

└─1本の値段

支払ったお金が500円なので、その差がおつりになる。

よって、「支払額－代金＝おつり」になるので、

$500 - 90x = 140$ $-90x = -360$ $x = 4$（本）

空欄の答え　①1　②140

2 解答 150

全体の価格が1000円であるが、これは「お菓子＋箱代」の合計となっている。

お菓子だけの代金は、箱代を引いた額なので、$1000 - \underset{\text{箱代}}{100} = \underset{\text{お菓子代}}{900}$ （円）

この代金はお菓子6個分の合計なので、

お菓子1個の値段は、$900 \div 6 = 150$（円）

別解：お菓子1個の値段を x 円とすると、

$6x = 900$ ◀┈┈┈ お菓子代は、$1000 - 100$

$x = 150$（円）

空欄の答え　①100　②900

3 解答 6

求める柿の個数を x 個とすると、

りんごの数は、$(14 - x)$ 個になる。 ◀┈┈┈ 柿（x個）＋りんご＝14個

つぎに代金を求める式を立てると、

柿の代金は、「値段×個数」より、$120 \times x = 120x$（円）

りんごの代金は、$140 \times (14 - x) = 140(14 - x)$（円）

合計金額は、$120x + 140(14 - x) = 1840$

これを解くと、

$120x + 1960 - 140x = 1840$

$-20x = -120$　→　$20x = 120$ と同じ

$x = 6$（個）

空欄の答え　①14−x　②120　③140

6 練習問題1　ものの値段と個数

練習問題2　6　ものの値段と個数

に答えなさい。

重要!

1 1個80円のみかんを40円の箱に詰めたらちょうど1000円になった。詰めたみかんの数は何個か。

A　12個　　B　13個　　C　14個　　D　15個
E　16個　　F　17個　　G　18個　　H　該当なし

2 50円のあめ玉と80円のガムを合わせて17個買ったら、ちょうど1000円になった。あめ玉は何個買ったか。

A　8個　　B　9個　　C　10個　　D　11個
E　12個　　F　13個　　G　14個　　H　該当なし

3 1枚90円の色紙と1枚150円のケント紙を合わせて50枚買い、5000円札を出したらおつりが200円だった。色紙は何枚買ったか。

A　5枚　　B　15枚　　C　25枚　　D　30枚
E　35枚　　F　40枚　　G　45枚　　H　該当なし

ここがPOINT! Ⅲ

個数＝（代金－箱代）÷１個の値段

解答と解説

1 解答　A

みかんだけの代金を求めると、$1000-40=960$（円）
これが１個80円のみかん全体の代金なので、
詰めたみかんの個数は、$960\div80=12$（個）
合計額 ↑　↑ 1個の値段

別解：みかんの個数を x 個とすると、
みかんの代金；$80x$（円）
よって、
$80x=1000-40$
$80x=960$
$8x=96$
$x=12$（個）

2 解答　E

求めるあめ玉の個数を x 個とすると、ガムの個数は $(17-x)$ 個、
それぞれの代金は、
あめ玉；$50\times x=50x$（円）
ガム；$80\times(17-x)=80(17-x)$（円）
合計金額は、1000円なので、
$50x+80(17-x)=1000$
$50x+1360-80x=1000$
$-30x=-360$
$x=12$（個）

> あめ玉（x個）＋ガム＝17個

3 解答　G

求める色紙の枚数を x 枚とすると、ケント紙の枚数は $(50-x)$ 枚、
代金の式を求めると、
色紙；$90\times x=90x$（円）
ケント紙；$150\times(50-x)=150(50-x)$（円）
合計金額；$5000-200=4800$（円）なので、
$90x+150(50-x)=4800$
$90x+7500-150x=4800$
$-60x=-2700$　$60x=2700$　$6x=270$
$x=45$（枚）

> 色紙（x枚）＋ケント紙＝50枚

6

練習問題2　ものの値段と個数

45

7 定価・原価・利益 ▶価格計算

売り手の立場からの金銭に関する問題

STEP 利益を求める問題

定価100円でガムを売ると1個につき店の儲けは10%あるとする。このガムを1箱（2ダース入り）仕入れて定価で売ると利益はいくらになるか。

(1) 1個の場合の原価はいくらか。

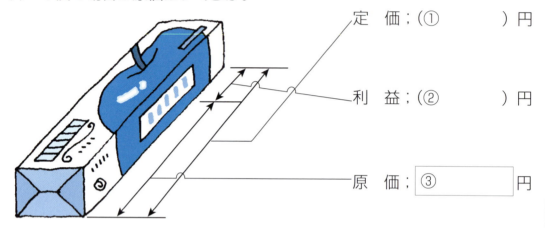

定　価；（①　　　）円

利　益；（②　　　）円

原　価；③　　　円

(2) 2ダースのガムの場合の利益はいくらか。

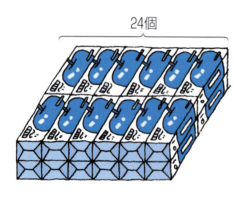

24個

定　価；（④　　　）円

利　益；⑤　　　円

原　価；（⑥　　　）円

ここがPOINT！I

定価＝原価＋利益　　定価≠売値　　原価＝仕入れ値　　利益＝儲け

考え方

STEP　解答　(1)① 100　② 10　③ 90

定　価；ここで理解しておかねばならないのが、定価・原価・利益の関係である。ここではガムの定価が100円という設定である。これは、もともと設定された価格、販売するときの「原則的な価格」を意味する。

しかしときには、割引した価格で販売することもあり、「定価＝売値」とならない場合がある。だから、基本的には、「定価≠売値」と覚えておこう。

利　益；このガムを売ると、10％の利益がある。これは定価に対して10％ということ。だから、この場合の利益は、定価×10％より、$100 \times 0.1 = 10$（円）。

この利益は、「儲け」ともいえるので、「利益」＝「儲け」と理解しよう。

原　価；定価から利益をひいた残りの金額が原価（仕入れ値）である。

だから、「原価＝定価－利益」という式で求められる。

この場合、$100 - 10 = 90$（円）◀┈┈┈┈┈┈┈┈┈┈┈┈

> 100円の定価は原価の90円と利益の10円を合わせたもの。

これがこのガムの原価である。

これは「仕入れ値」ともいうので、

「原価」＝「仕入れ値」と理解する。

STEP　解答　(2)④ 2400　⑤ 240　⑥ 2160

定　価；ガム1つが100円。これが2ダースあるので、1箱のガムの個数は24個だから、全体の定価は、$100 \times 24 = 2400$（円）

> 1ダースは12個のこと。

利　益；1つにつき10％の利益となる。

1つ100円で利益がその10％なので、$100 \times 0.1 = 10$（円）

2ダースあるので、$10 \times 24 = 240$（円）

原　価；定価－利益より、$2400 - 240 = 2160$（円）

7

定価・原価・利益

練習問題 1　7 定価・原価・利益　☐と( )に答えなさい。

1 原価1000円で仕入れた商品に原価の3割の利益をつけて定価を設定した。定価はいくらか。

☐ 円

2 ある商品を定価の2割引きで買い、10000円出したら3600円おつりがあった。定価はいくらか。

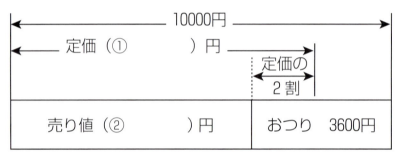

☐ 円

3 原価2000円の商品を定価の10%引きで売っても原価の8%の利益があるようにしたい。定価はいくらか。

☐ 円

ここがPOINT! Ⅱ

利益＝原価 × 割合 ← ※ 1割引きとは 10%引きのこと

解答と解説

1 解答　1300

定価は、原価と利益の合計で成り立つ。よって、まず利益を求める。
利益は原価に対して 3 割なので、原価×0.3で求められる。
これを計算すると、1000×0.3＝300（円）。
よって、「定価＝原価＋利益」より、定価は、1000＋300＝1300（円）となる。

空欄の答え　①1300　②300

2 解答　8000

出した金額は10000円で、おつりが3600円という金額は決まっている。
したがって、売り値は、10000－3600＝6400（円）となる。
これは定価の 2 割(0.2)引きの値段、つまり、定価の 8 割(0.8)の値段に当たる。
よって、定価を x 円とすると、x×0.8＝6400（円）
ここから x を求めると、

　x＝6400÷0.8＝<u>64000÷ 8</u> ＝8000（円）
　　　　　　　　　└─**10倍して計算しやすくする**　　空欄の答え　①8000　②6400

3 解答　2400

原価が2000円、最終利益は原価の 8 ％なので、
2000×0.08＝160（円）

> 1 ％＝0.01
> 8 ％＝0.08

これが利益に当たる金額である。
売り値は「原価＋利益」になるので、
②の合計は、2000＋160＝2160（円）……㋐
これが定価から10%を引いた金額と同じなので、（定価×0.1）を引いた値、つまり、定価を0.9倍した値となる。
定価を x 円とすると、x×0.9＝0.9x（円）……㋑
㋐＝㋑なので、0.9x＝2160 ◄┈┈┈┈

> 定価の10%引きの金額＝
> 原価＋原価の 8 ％の利益

　　　　　　x＝2160÷0.9＝2400（円）

空欄の答え　①2400　②2160　③10

練習問題2　**7** 定価・原価・利益　　　　に答えなさい。

1 ある輸入品に原価の2割増しで定価を設定して売ったところ、売れなかったので定価の16%引きで売ると、280円の利益があった。この輸入品の原価はいくらか。

A　35000円　B　36000円　C　37000円　D　38000円
E　39000円　F　40000円　G　42000円　H　該当なし

2 地元の特産物を、原価に1000円の利益を見込んで定価をつけた。この商品を定価の20%引きで売ったところ、原価の5%の利益があった。この商品の原価はいくらか。

A　1600円　B　2400円　C　3200円　D　4000円
E　4800円　F　5600円　G　6400円　H　該当なし

よく出る

3 LAで仕入れたTシャツに仕入れ値の20%の利益をつけて定価をつけた。これをバーゲンでは定価より480円安く売ったので10%の損失が出た。このTシャツの仕入れ値はいくらか。

A　1000円　B　1100円　C　1200円　D　1300円
E　1400円　F　1500円　G　1600円　H　該当なし

50

ここがPOINT！Ⅲ

仕入れ値（原価）＝定価－利益

解答と解説

1 解答　A

求める**原価**を x 円とすると、利益は2割増しなので、0.2x円

定価；原価＋利益＝x＋0.2x＝1.2x（円）

売値は、**定価**の16%引きだったので、

定価を1とすると売値の割合は、 1－0.16＝0.84だから、

実際の売値＝1.2x×0.84＝1.008x（円）

これを、実際の値段で表すと、（x＋280）円

> ※ 定価を「1」と する考え方で売 値を割合で出す。

$1.008x＝x＋280$

$0.008x＝280$

$x＝280÷0.008$　　$x＝35000$（円）

2 解答　C

求める原価を x 円とすると、原価＋利益より、定価；（x＋1000）円

売値；定価×（1－0.2）＝0.8×定価＝0.8（x＋1000）（円）　……①

利益；原価×5%＝x×0.05＝0.05x（円）

売値；x＋0.05x＝1.05x（円）　……②

①＝②より、 $1.05x＝0.8（x＋1000）$

> 同じ売値を、
> ①定価×（1－割引率）＝定価－割引
> ②原価×（1＋利益率）＝原価＋利益
> の2通りで表せる。

$0.25x＝800$　　　$x＝800÷0.25$　　　$x＝3200$（円）

3 解答　G

仕入れ値を x 円とすると、定価は仕入れ値の20%増しなので、1.2x円

売値；定価－480＝1.2x－480（円）　……①

利益は10%の損失なので、仕入れ値より10%少ない額である。－0.1×x（円）

つまり、原価（＝仕入れ値）より0.1x円少ない販売価格であるということ。

売値；x－0.1x＝0.9x（円）　……②

①＝②　 $1.2x－480＝0.9x$

$0.3x＝480$

$x＝480÷0.3$　　$x＝1600$（円）

8 割合と値段 ▶ 全体と部分と割合

割合で金銭をとらえて考える問題

STEP 1　部分から全体を求める場合

全体の $\frac{1}{3}$ を受け取ると200000円であった。全体の金額はいくらか。

$\frac{1}{3}$ が（①　　　）円

$\frac{1}{3}$ が（①　　　）円

$\frac{1}{3}$ が（①　　　）円

全体はいくら？

②　　　円

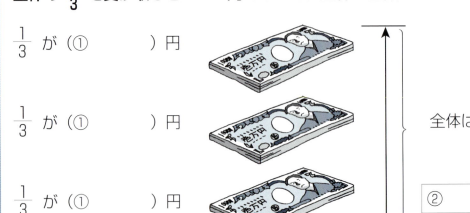

STEP 2　割合と金額がある場合

工藤さんと山本君がギャラを分けている。先に山本君はネタ作成料込みで、全体の $\frac{3}{4}$ より6000円少なく受け取り、残りを工藤さんに渡した。工藤さんのギャラは、21000円だった。初めに2人がもらったギャラは全部でいくらか。

山本君の取り分

全体の $\frac{3}{4}$ より
6000円少ない
↓
$\frac{3}{4}x -$ （①　　　）円

工藤さんの取り分

（②　　　）円

$x =$ ③　　　円

ここがPOINT! I

全体＝部分 ÷ 割合

考え方

STEP 1　解答　① 200000　② 600000

図で見てわかるように、$\frac{1}{3}$ が200000円に相当する場合、
全体は、その3倍すればいいことがわかる。それを式で表すと、

$200000 ÷ \frac{1}{3} = 200000 × \frac{3}{1} = 200000 × 3 = 600000$（円）

これが全体の金額になる。

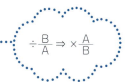

STEP 2　解答　① 6000　② 21000　③ 60000

全体の金額がわからない場合はまず、全体を x 円とおいて、2人の取り分を比例配分の形で図で表して整理しよう。

全体のギャラがわからないので、x 円として考える。

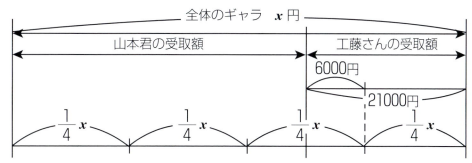

山本君の取り分の式は、
「全体の $\frac{3}{4}$ より6000円少ない」ので、$\frac{3}{4}x - 6000$（円）……①

次に工藤さんの取り分は、21000円　……②

①と②の合計が全体 x 円であるから、

$$\frac{3}{4}x - 6000 + 21000 = x$$
$$15000 = x - \frac{3}{4}x$$
$$15000 = \frac{1}{4}x$$
$$15000 × 4 = x$$
$$60000 = x$$
$$x = 60000 （円）$$

53

練習問題 1　8 割合と値段

□と( )に答えなさい。

1 せいやさんはギターを買うのに、初めは手付金を定価の $\frac{1}{4}$ 支払った。次の日に残りの $\frac{1}{3}$ を払い、その月末に20000円支払ったら、定価の $\frac{1}{10}$ にあたる残額を割引してくれた。このギターの定価はいくらか。

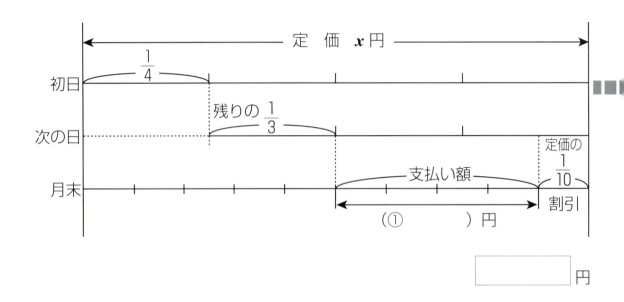

□ 円

2 フミヤ君とタダシ君の2人の所持金の合計は10800円である。フミヤ君はタダシ君の2倍のお金を持っていた。フミヤ君はタダシ君よりいくら多く持っているか。

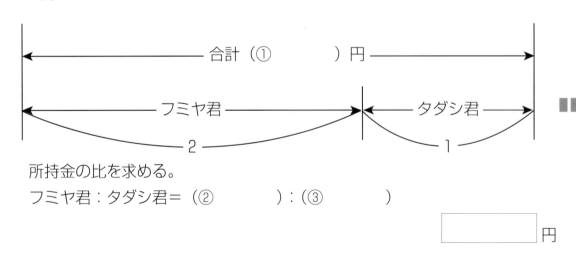

所持金の比を求める。
　フミヤ君：タダシ君＝（②　　　）：（③　　　）

□ 円

ここがPOINT! Ⅱ 回数払い；時系列で順に整理する

解答と解説

1 解答 50000

まず、もとになる大きさを x とする。この場合はギターの定価を x 円とする。次に、時系列で順に支払いの流れを式に換えていく。

❶ 手付金は、定価の $\frac{1}{4}$ なので、$\frac{1}{4}x$（円）

❷ 次の日は、残りの $\frac{1}{3}$ なので、まず残りを求めると、$x - \frac{1}{4}x = \frac{3}{4}x$（円）

払ったのはこの $\frac{1}{3}$ なので、$\frac{3}{4}x \times \frac{1}{3} = \frac{1}{4}x$（円）

❸ 次は現金で20000円

❹ 最後に割引額を求めると、定価の $\frac{1}{10}$ なので、$\frac{1}{10} \times x = \frac{1}{10}x$（円）

これらの合計が x 円なので、

$$\frac{1}{4}x + \frac{1}{4}x + 20000 + \frac{1}{10}x = x$$

20倍すると、
$$5x + 5x + 2x + 400000 = 20x$$
$$400000 = 8x$$
$$x = 50000$$

空欄の答え　①20000

2 解答 3600

フミヤ君はタダシ君の2倍のお金を持っていることから、**2人の所持金の比は、2：1** となる。これは全体を分ける割合である。つまり、全体を 2 + 1 = 3 つに分けることになる。金額の合計は、10800円になることから、1つ分の金額は、10800 ÷ 3 = 3600（円）。これはタダシ君の所持金である。フミヤ君はその 2 倍なので、3600 × 2 = 7200（円）。2人の差は、7200 - 3600 = 3600（円）

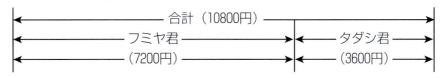

空欄の答え　①10800　②2　③1

練習問題2　8 割合と値段

に答えなさい。

1 武君と直人君がシャツを買いに行った。2人の所持金の合計は7800円で、武君は直人君より620円高いシャツを買った。シャツを買った後に残った金額は、武君は初めの $\frac{2}{3}$ になり、直人君は $\frac{3}{5}$ になった。武君が買ったシャツの値段はいくらか。

A　850円　　B　900円　　C　1050円　　D　1200円
E　1350円　　F　1500円　　G　1700円　　H　該当なし

よく出る

2 あゆみさんは夏休みに「海外キャンパス見学ツアー」に参加の申し込みをした。支払いを何回かに分けてもらい、最終的にはツアー後に残額を納めるという取り決めになった。最初に申込金として全体の25%を支払った。次の週に残りの $\frac{1}{3}$ を振り込んだ。その後、出発前日までに16000円支払ったので、ツアー後に支払う残金は申込金の $\frac{2}{3}$ であった。このツアーの価格はいくらか。

A　36000円　　B　38000円　　C　40000円　　D　42000円
E　44000円　　F　48000円　　G　52000円　　H　該当なし

ここがPOINT! Ⅲ
全体や基準になるものを x と置くと計算しやすい！

解答と解説

1 解答　G

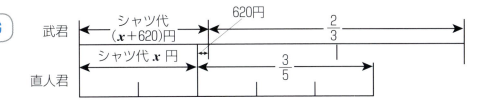

直人君のシャツ代を x 円とすると、武君のシャツ代は、$(x+620)$ 円

武君は、シャツを買った後に残った金額は初めの $\frac{2}{3}$ なので、初めの所持金の $\frac{1}{3}$ がシャツ代になる。

武君の初めの所持金は、$(x+620)\div\frac{1}{3}=3x+1860$（円）……①

直人君は初めの金額からシャツ代を引くと $\frac{3}{5}$ になるので、シャツ代は $\frac{2}{5}$

直人君の初めの所持金は、$x\div\frac{2}{5}=2.5x$（円）……②

2人の合計（①＋②）が7800円なので、

$3x+1860+2.5x=7800$　　$5.5x=7800-1860=5940$

$x=5940\div 5.5=1080$（円）　← 直人君の買ったシャツの値段

武君の買ったシャツの値段；$1080+620=1700$（円）

2 解答　F

時系列で支払額を式に表す。 ツアーの価格全体を x 円とすると、

①申込金として全体の25%を支払ったので、$0.25\times x=0.25x=\frac{1}{4}x$（円）

②①で支払った残りの金額は $\frac{3}{4}x$（円）

次の週にこのうちの $\frac{1}{3}$ を入金したので、$\frac{3}{4}x\times\frac{1}{3}=\frac{1}{4}x$（円）

③16000円支払った残金は、申込金の $\frac{2}{3}$ なので、①より、$\frac{1}{4}x\times\frac{2}{3}=\frac{1}{6}x$（円）

①～③の和がツアーの価格の x 円になるので、$\frac{1}{4}x+\frac{1}{4}x+16000+\frac{1}{6}x=x$

$x=\frac{2}{4}x+\frac{1}{6}x+16000$　　$x=\frac{2}{3}x+16000$

$\frac{1}{3}x=16000$　　$x=16000\times 3$　　$x=48000$（円）

9 仕事算 ▶仕事量・単位当たりの仕事

全体の仕事量や1人当たりの仕事量に関する問題

STEP 1　全体の仕事量を求める問題

ある人が1日8時間働くと20日かかる仕事がある。この人が1時間働くときの仕事量を1とすると、全体の仕事量はいくらか。

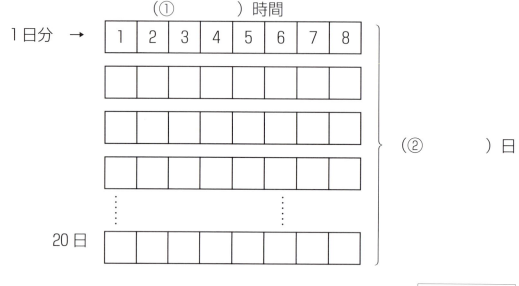

STEP 2　単位当たりの仕事

ある人が1日8時間働いて10日かかる仕事がある。仕事全体を1とすると1人の人が1日1時間にできる仕事量は、いくらか。

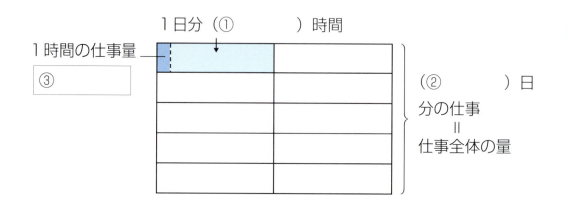

ここがPOINT！ I

全体の仕事量＝人数 × 時間 × 日数

9 仕事算

考え方

STEP 1　解答　① 8　② 20　③ 160

この場合、仕事全体はどのような大きさか？
1人が1時間働くときの仕事量を1とすると、
1人が8時間働いて2日かかる場合、その仕事量は、1×8×2＝16
1人が8時間働いて5日かかる場合、その仕事量は、1×8×5＝40
したがって、20日かかる場合、

$$1 \times 8 \times 20 = 160$$

のべ160時間分の仕事量と考えられる。

STEP 2　解答　① 8　② 10　③ $\frac{1}{80}$

全体の仕事量を求めると、1×8×10＝80となる。

この仕事全体を「1」とすると、1人の人が1日1時間にできる仕事量は、

$$1 \div 80 = \frac{1}{80}$$

つまり、$\frac{1}{人数 \times 時間 \times 日数}$ で表すことができる。

のべ80時間の仕事なら、1時間では全体の$\frac{1}{80}$をこなすことができる。

「全体の仕事量＝人数×時間×日数」なので、

人数＝$\frac{全体}{時間 \times 日数}$

時間＝$\frac{全体}{人数 \times 日数}$

日数＝$\frac{全体}{人数 \times 時間}$　　となる。

練習問題 1　9 仕事算

□と( )に答えなさい。

1 5人が1日に8時間働くと9日かかる仕事がある。それを6人で1日6時間ずつ働くと何日かかるか。

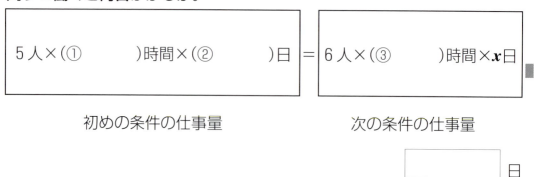

5人×(①　　　)時間×(②　　　)日 ＝ 6人×(③　　　)時間×x日

初めの条件の仕事量　　　　　次の条件の仕事量

□日

2 ある仕事をP君1人ですると6時間、Qさん1人だと9時間かかる。この仕事を2人で2時間すると全体のどれだけ仕上がるか。

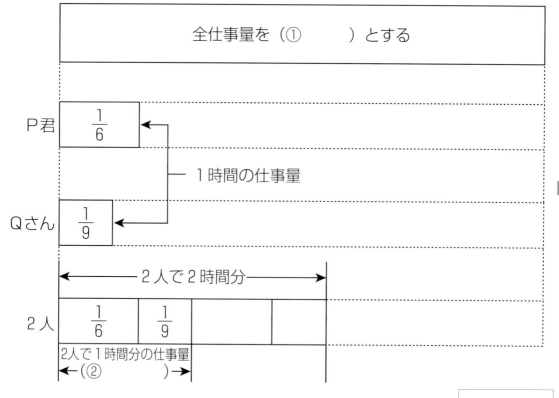

全仕事量を（①　　　）とする

P君 $\frac{1}{6}$ ← 1時間の仕事量

Qさん $\frac{1}{9}$

2人で2時間分

2人 $\frac{1}{6}$ $\frac{1}{9}$

2人で1時間分の仕事量 ←(②　　　)→

ここがPOINT! Ⅱ

全体の仕事量を1とすると、1日の仕事量＝$\frac{1}{日数}$

解答と解説

1 解答 10

6人で1日6時間ずつ働いた日数をx日とする。
初めの条件の仕事量＝人数×時間×日数＝$5 \times 8 \times 9$
次の条件の仕事量＝人数×時間×日数＝$6 \times 6 \times x$
これらが等しいので、$5 \times 8 \times 9 = 6 \times 6 \times x$
$$x = 10 (日)$$

> 式のままおいておくとあとで計算しやすい。

> 両辺を公約数で割る。

空欄の答え ①8 ②9 ③6

＊同じ仕事をする場合、初めの条件と、次の条件の仕事量は同じである。つまり、人数×時間×日数のかけ算の答えが初めの条件と次の条件で「＝」なので、求める値をxにして一次方程式を解けばよい。

2 解答 $\frac{5}{9}$

まず、P君とQさんの**1時間の仕事量を求める**。
全体の仕事量を1とする。
P君が、1人ですると6時間かかるので、1時間当たりの仕事量は、$1 \div 6 = \frac{1}{6}$
Qさんが、1人だと9時間かかるので、1時間当たりの仕事量は、$1 \div 9 = \frac{1}{9}$
2人が一緒に1時間仕事した場合の仕事量は、2人の合計なので、
$$\frac{1}{6} + \frac{1}{9} = \frac{3}{18} + \frac{2}{18} = \frac{5}{18}$$
求める仕事量は2時間分なので、2人でする仕事量を2倍する。
$$\frac{5}{18} \times 2 = \frac{5}{9}$$

空欄の答え ①1 ②$\frac{5}{18}$

練習問題2 9 仕事算

□に答えなさい。

重要!

1 4人で毎日9時間ずつ行うと1週間で終わる作業がある。これを3人で14時間ずつ行うと何日で終えられるか。

　　A　2日　　　B　3日　　　C　4日　　　D　5日
　　E　6日　　　F　7日　　　G　8日　　　H　該当なし

2 PとQが2人ですると4日かかり、Qが1人ですると6日かかる仕事がある。この仕事をPが1人ですると何日かかるか。

　　A　2日　　　B　3日　　　C　6日　　　D　8日
　　E　10日　　 F　12日　　 G　15日　　 H　該当なし

よく出る

3 水道の配管工事をするのにWさん1人だと25時間、Yさん1人だと20時間、Zさん1人だと15時間かかる。この仕事を初めはWさんとYさんの2人で5時間行い、そのあとをZさんが1人で3時間した。そこまで終えた仕事の残りをすべてYさんが1人でするとあと何時間かかるか。

　　A　3時間　　B　4時間　　C　5時間　　D　6時間
　　E　7時間　　F　8時間　　G　9時間　　H　該当なし

ここがPOINT！Ⅲ

1；まず、それぞれの条件で仕事の大きさを求める
2；問題中の2つの条件を当てはめて方程式を立てる

解答と解説

1 解答　E

求める日数を x 日とすると、
初めの条件；4人で毎日9時間ずつ行うと1週間なので、$4 \times 9 \times 7$
次の条件；3人で14時間ずつ行うと x 日なので、$3 \times 14 \times x$

「初めの条件＝次の条件」より、$4 \times 9 \times 7 = 3 \times 14 \times x$

$2 \times 3 = x \quad x = 6（日）$

> ここで計算せずに左右の値を最大公約数で割る。

2 解答　F

全体の仕事量を1とすると、
PとQが2人ですると4日かかるので、2人の1日の仕事量；$1 \div 4 = \dfrac{1}{4}$

Qが1人ですると6日かかるので、Q1人の仕事量；$1 \div 6 = \dfrac{1}{6}$

「2人でする仕事量－Qの仕事量＝Pの仕事量」なので、

$\dfrac{1}{4} - \dfrac{1}{6} = \dfrac{3}{12} - \dfrac{2}{12} = \dfrac{1}{12}$

Pが1人で1日に $\dfrac{1}{12}$ の仕事量ができるので、全体をするのにかかる日数は

$1 \div \dfrac{1}{12} = 12（日）$

> 1日の仕事量が $\dfrac{1}{\bigcirc}$ のとき、全体には $\bigcirc$ 日かかる。

3 解答　E

全体の仕事量を1とすると、
まず、Wさん1人の仕事量＝$\dfrac{1}{25}$、Yさん1人の仕事量＝$\dfrac{1}{20}$ だから、

2人でした1時間の仕事量は、$\dfrac{1}{25} + \dfrac{1}{20} = \dfrac{4}{100} + \dfrac{5}{100} = \dfrac{9}{100}$

これを5時間行ったので、$\dfrac{9}{100} \times 5 = \dfrac{9}{20}$

Zさん1人の仕事量＝$\dfrac{1}{15}$、それを3時間行ったので、$\dfrac{1}{15} \times 3 = \dfrac{1}{5}$

残りは、$1 - \left(\dfrac{9}{20} + \dfrac{1}{5} \right) = 1 - \left(\dfrac{9}{20} + \dfrac{4}{20} \right) = \dfrac{7}{20}$

これをYさんが1人で行うのにかかる時間は、

$\dfrac{7}{20} \div \dfrac{1}{20} = \dfrac{7 \times 20}{20} = 7（時間）$

10 表の読み取り ▶必要事項の選択

必要な事柄を選び出し、問われる範囲を正確に選ぶ問題

STEP 1　表の読み取り　1

就職用筆記テストの結果について、次のような表にまとめた。(50点未満はいない) 全体は何人か。

得　点(点) 以上　未満	人　数(人)
ア　50 ～ 55	4
イ　55 ～ 60	7
ウ　60 ～ 65	9
エ　65 ～ 70	11
オ　70 ～ 75	8
カ　75 ～ 80	5
キ　80 ～ 85	1
ク　85 ～ 90	1
ケ　90 ～ 95	3
コ　95 ～	1
合計	①　　　人

STEP 2　表の読み取り　2

上の表で、イの範囲の割合は全体のいくらか。

(②　　　) ÷ (①　　　) = ③　　　

STEP 3　表の読み取り　3

上の表で、58点の人と60点の人はどの範囲に入るか。記号で答えなさい。

58点の人… ①　　　、60点の人… ②

ここがPOINT！ I

まず、全体の人数や個数を計算する

10

表の読み取り

考え方

STEP 1　　解答　① 50

表の問題が出たときには、まず、**全体の数を求めておく。**

全体を知ることで**各範囲の割合がおおよそつかめる。**

この表の場合、全体の数は各階級に書かれている数の和である。

　　$4 + 7 + 9 + 11 + 8 + 5 + 1 + 1 + 3 + 1 = 50$（人）

STEP 2　　解答　① 50　② 7　③ 0.14

全体を求めた後、各項目の数とそれが**全体のどれくらいの割合かを大まかにつかんで**おこう。実際に試験を受ける時は、時間の節約をするためにも、細かい数字は解答欄の選択肢をみて必要な場合に計算する。

イの範囲の人数が全体に占める割合は、

　　$7 \div 50 = 0.14$　◀‥‥‥‥‥‥‥

> 「割合」は、小数（分数）で表す。

となり、百分率では14%、歩合では1割4分となる。

STEP 3　　解答　① イ　② ウ

表より58点は、55点以上〜60点未満の区分に入るので、イに当てはまり、60点はウに入る。　◀‥‥‥‥‥‥‥

> 「以上」「未満」に注意！

「以上」・「以下」の場合；書かれた数は入る。

だから、**5以上や5以下**を書けという場合、**5からの数字**になる。

記号で表すと、「○は5以上」→「$5 \leqq ○$」　　「○は5以下」→「$5 \geqq ○$」

「未満」・「〜より」の場合；書かれた数は入らない。

だから、**5未満**の整数というのは4までで、**5は入らない。**記号で表すと、

「○は5未満」→「$5 > ○$」　　「○は5より大きい」→「$5 < ○$」

練習問題 1　10 表の読み取り

　と（　）に答えなさい。

1 50人の就職用筆記テストの結果を、右の表のようにまとめた。
（50点未満はいない）

得　点　（点）	人　数（人）
以上　　未満	
ア　50　〜　55	4
イ　55　〜　60	7
ウ　60　〜　65	9
エ　65　〜　70	12
オ　70　〜　75	8
カ　75　〜　80	5
キ　80　〜　85	1
ク　85　〜　90	1
ケ　90　〜　95	2
コ　95〜100(以下)	1
合計	（①　　　）人

(1) 50点台の人は何人いるか。

　　　　　　人

(2) 最も多い人数の範囲は全体の何%か。

　　　　　　%

2 **1**の表で、得点の下から13番目の人はどの範囲に入るか。記号で答えなさい。

3 **1**の表で、この結果の平均点はおよそ何点といえるか。

A　60点　　B　62点　　C　64点　　D　66点
E　68点　　F　70点　　G　72点　　H　該当なし

ここがPOINT！Ⅱ

平均は、各階級の真ん中の点数で計算する

10

練習問題1　表の読み取り

解答と解説

1 解答　⑴11　⑵24

⑴　イの範囲の60は**未満の数なので、60点は入らない**。したがって、アとイが50点台の範囲になる。アとイの和を求めれば答えになる。

　　4＋7＝11（人）

⑵　これは各範囲の人数を見て一番大きいものを選べばよい。

エ　65〜70	12

　　ここが一番大きい人数の範囲である。この人数が全体のどれだけの割合かを求めるので、「ある範囲」÷「全体」×100より、

　　12÷50×100＝24（％）　　　　　　　　　　　　　空欄の答え　①50

2 解答　ウ

下から13番目なので、一番下の50〜55の4人から、順に数えていく。
55〜60は7人、この2つの合計は、11人。13番目はこの2つ後なので、60〜65の範囲が答えになる。

3 解答　E

得点が階級の範囲で示されている場合、平均点を求めるには、**各範囲の真ん中の点数をその階級の点数として計算する**。

たとえば、

イ　55〜60	7

この場合、範囲の真ん中の点数は、（55＋60）÷2＝57.5（点）。それが7人いると考えて計算する。

　　57.5×7＝402.5（点）

同様に、ア　52.5×4＝210　ウ　62.5×9＝562.5　エ　67.5×12＝810

　　オ　72.5×8＝580　カ　77.5×5＝387.5　キ　82.5×1＝82.5

　　ク　87.5×1＝87.5　ケ　92.5×2＝185　コ　97.5×1＝97.5

合計：210＋402.5＋562.5＋810＋580＋387.5＋82.5＋87.5＋185＋97.5

　　　＝3405（点）

平均＝合計÷人数より、3405÷50＝68.1（点）

＊平均は各範囲の最も多い数の近くに来る場合が多い。

練習問題2 **10** 表の読み取り

□に答えなさい。

次の表を見て答えなさい。
ある大学のゼミで行ったSPIの言語問題と非言語問題の試験結果である。
各問題は50点満点である。

非言語分野

		10	20	30	40	50	計
言語分野	10		2				2
	20	1	1	1			3
	30	2	(ア)	9	4		
	40		2	5	6	3	16
	50			1	2	3	6
	計	3	8	16	12	6	

(1) （ア）に当てはまる数は何か。

A 1   B 2   C 3   D 4
E 5   F 6   G 7   H 該当なし

(2) この試験の参加者は何人か。

A 42人   B 43人   C 44人   D 45人
E 46人   F 47人   G 48人   H 該当なし

よく出る

(3) 2つの試験で合計が80点以上の人はおよそ何%か。

A 26%   B 28%   C 29%   D 30%
E 31%   F 33%   G 35%   H 該当なし

ここがPOINT! Ⅲ

表の読み取りは、まず合計を求める

解答と解説

解答　(1)C

(ア)を含む縦の合計から考えると、 2 ＋ 1 ＋ (ア) ＋ 2 ＝ 8　　(ア) ＋ 5 ＝ 8
(ア) ＝ 3

※横の合計と縦の合計は等しいから、
3 ＋ 8 ＋16＋12＋ 6 ＝ 2 ＋ 3 ＋□＋16＋ 6　　□＝18…(言語分野30点の合計)
(ア)を含む横の合計から考える；2 ＋(ア)＋ 9 ＋ 4 ＝18　　(ア) ＋15＝18
(ア) ＝ 3

解答　(2)D

この場合、表の中の数字を 1 つひとつ足していくのではなく、下の小合計を順
に足していけばよい。
横の計の人数を合計して、 3 ＋ 8 ＋16＋12＋ 6 ＝45(人)
または、縦の計の人数を合計して、 2 ＋ 3 ＋18＋16＋ 6 ＝45(人)

＊計算して求めた数は表に書いておくと、次の問題に使えることがある。計算
　した値は該当する箇所に記入しておこう。

解答　(3)F

	10	20	30	40	50	計
10		2				2
20	1	1	1			3
30	2	(ア)	9	4		
40		2	5	6	3	16
50			1	2	3	6
計	3	8	16	12	6	45

条件に当てはまる箇所を、明示する(枠で囲む)。

合計が80点以上の範囲は(縦－横)で、(30－50)、(40－40)、(40－50)、(50－40)、
(50－50) の 5 つの範囲に入る数の合計を出す (50－30は 1 人もいない)。
それぞれの数字を選び出し、合計を求める。
　　1 ＋ 6 ＋ 2 ＋ 3 ＋ 3 ＝15(人)
これを全体の45人で割れば割合が出る。
　　15÷45×100＝33.333……≒33(％)

69

11 資料の読み取り ▶表の読み取り問題

資料から必要な情報を選び出し、答えを求める判断問題

STEP 1　合計を求める

次の表は、朝のラッシュ時にある道の交差点を通過した乗り物の種類と、その数である。
この交差点を通過した乗り物の、合計台数①はいくらか。

種類	通過台数	百分率（％）
トラック	192	
バ　ス	130	25
乗用車	120	
オートバイ		12.5
その他	13	
合　計	①	100

☐ 台

STEP 2　ある条件についての割合を求める　1

トラックの割合は全体の何％といえるか。（小数第1位まで求めて四捨五入）

（①　　　）÷（②　　　）×100＝（③　　　）
　　　　　　　　　　　　　　　≒（④　　　）

⑤ ☐ ％

STEP 3　ある条件についての割合を求める　2

ある日のこの交差点を通過する総台数が728台であった。各種類の車の通過台数の割合が同じ場合、オートバイは何台になるか。

☐ 台

ここがPOINT! I

表の中から必要な数値をみつける

考え方

STEP 1　解答　520

バスの通過台数が130台で、その割合が25%だから、そこから全体を求めることができる。

「全体＝一部の実数÷一部の割合」より、

$130 ÷ 0.25 = 130 ÷ \dfrac{1}{4} = 130 × 4 = 520$（台）

確認：

オートバイの台数は、$520 × 0.125 = 65$（台）

すべての項目を足せばよい。$192 + 130 + 120 + 65 + 13 = 520$（台）

STEP 2　解答　① 192　② 520　③ 36.9…　④ 37　⑤ 37

トラックの台数は、192台、全体が520台なので、「該当台数÷全体」より、

$192 ÷ 520 = 0.369…$

百分率なので100倍する。

$0.369 × 100 = 36.9… ≒ 37$（%）

別解：520台で100%なので、1%＝5.2台。192台は何%になるかと考える。
$192 ÷ 5.2 = 36.9… ≒ 37$（%）

STEP 3　解答　91

728台が520台の何倍になっているかを求めればよい。

$728 ÷ 520 = 1.4$（倍）

$65 × 1.4 = 91$（台）

11

資料の読み取り

練習問題 1 | 11 資料の読み取り

次の表はつくし野駅の乗客数を時間ごとに表したものである。

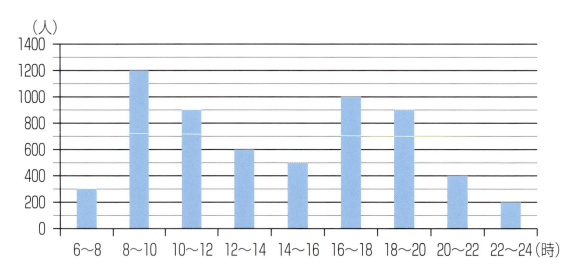

(1) 午前中の乗客数は全部で何人か。

A 1800人　B 2000人　C 2200人　D 2400人　E 2600人
F 2800人　G 3000人

(2) 乗客数が最も多い時間帯は最も少ない時間帯の何倍か。

A 0.2倍　B 0.6倍　C 0.8倍　D 2倍　E 4倍
F 6倍　G 8倍

(3) 18時～20時の間の乗客数はこの日の全乗客数の何%になるか。

A 17%　B 19%　C 21%　D 23%　E 25%
F 27%　G 29%　H 該当なし

ここがPOINT! Ⅱ

必要な数値を素早く読み取ることと、計算の速さと正確さが重要

解答と解説

11

練習問題1　資料の読み取り

解答　(1)D

午前中は6時〜12時までの間になるので、その範囲の人数を足せばよい。
　6〜8時：300人
　8〜10時：1200人
10〜12時：900人
合計人数＝300＋1200＋900＝2400(人)

解答　(2)F

最も乗客が多い時間帯は8〜10時で1200人
最も乗客が少ない時間帯は22〜24時で200人
1200÷200＝6(倍)・・・(12÷2＝6と考えると速い)

解答　(3)H

全体の乗客数を求めると、
6時〜12時の午前中は2400人だったので、午後からの人数を求める。
12〜14時：600人
14〜16時：500人
16〜18時：1000人
18〜20時：900人
20〜22時：400人
22〜24時：200人

午後の人数の合計は、600＋500＋1000＋900＋400＋200＝3600(人)
よって、1日の乗客数は2400＋3600＝6000(人)
18〜20時の乗客数は900人なので、
求める割合は、900÷6000×100＝15(％) …該当なし

＊計算するときは(00)を外して、6＋5＋10＋9＋4＋2＝36と考えると暗
　算でできるので早く答えが出る。計算のあとで(00)を加えればよい。

73

練習問題2　11 資料の読み取り

□に答えなさい。

次の表はバブル期前後の日本の経済状態を表す資料である。太い線は平均株価、棒グラフはGDP、点線は消費者物価指数、細い線は公定歩合を表す。

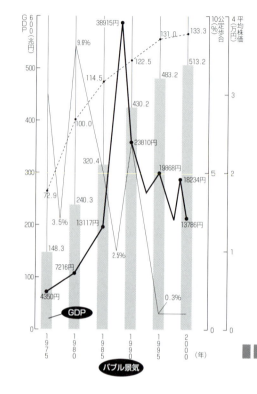

(1) 次の事柄で正しいのはどれか。

ア　公定歩合と平均株価は常に反対の現象になる
イ　GDPは常に上がっている
ウ　消費者物価指数は80年を100とすると、その後は継続して上がっている

A　アだけ　　B　イだけ　　C　ウだけ　　D　アとイ
E　アとウ　　F　イとウ　　G　全て正しい　H　該当なし

(2) 次の結果の報告から正しいものはどれか。

ア　1990年の平均株価は1980年の3倍以上、上がっている
イ　公定歩合は最も高い時と最も低い時では30倍以上の差がある
ウ　2000年のGDPは1980年の2倍以上ある
エ　1990年の平均株価は最も高い時の約60％しかない

A　正解は1つだけ　　B　アとイ・ウ・エのどれか　　C　イとウ
D　ウとエ　　E　ア・イ・ウ　　F　イ・ウ・エ　　G　全て正しい
H　該当なし

ここがPOINT! Ⅲ 折れ線グラフの読み取りは、大まかな増加、減少の傾向と増減の変化した点に注目すると分かりやすい

解答と解説

解答 (1)F

「ア　公定歩合と平均株価は常に反対の現象になる」は90年以後共に下降線をたどっているので、常にとは言えない。

「イ　GDPは常に上がっている」は、棒グラフが増加しているので正しい。

「ウ　消費者物価指数は80年を100とすると、その後は継続して上がっている」では、点線の変化をみると前年より下がっているところがない。
よって、正解はイとウになる。

解答 (2)G

「ア　1990年の平均株価は1980年の3倍以上、上がっている」
1990年の平均株価は23810円、1980年は7216円なので、
23810÷7216≒3.3(倍)となり、3倍以上、上がっている。……（○）

「イ　公定歩合は最も高い時と最も低い時では30倍以上の差がある」
最も高い公定歩合は9.6%、最も低いのは0.3%なので、
9.6÷0.3＝32(倍)……（○）

「ウ　2000年のGDPは1980年の2倍以上ある」
2000年のGDPは513.2兆円、1980年は240.3兆円なので、
513.2÷240.3≒2.1(倍)となり、2倍以上ある。……（○）

「エ　1990年の平均株価は最も高い時の約60%しかない」
1990年の平均株価は23810円、最も高い時は38915円なので、
23810÷38915×100≒61(%)……（○）

12 順列・組み合わせ

問題文から順列か組み合わせかを判定して解く ▶ 並べ方や組み合わせに関する問題

STEP 1　順列の考え方

P、Q、R、Sの4枚のカードを使って2枚取り出す場合、並べ方は何通りか。

1枚目：P、2枚目：Qなら、この並べ方は（①　　　）
1枚目：Q、2枚目：Pなら、この並べ方は（②　　　）

このように、順列では2枚のカードの組み合わせは同じ種類であっても、並べる順番が異なるため、別の種類として扱う。したがって、（③　　　）通りとなる。

$${}_4P_2 =$$ ④　　　通り

STEP 2　組み合わせの考え方

上の4枚のカードで2枚取る組み合わせは何通りか。

1枚目：P、2枚目：Qなら、（P−Q）
1枚目：Q、2枚目：Pなら、（Q−P）になる。

この組み合わせでは、取り出した後のカードの文字はともに（①　　　）の2種類である。ただ、組み合わせでは、順番にかかわらず1種類として扱う。

$${}_4C_2 =$$ ②　　　通り

ここがPOINT！ I

順列（並べ方）　　$_aP_b = \underbrace{a \times (a-1) \times (a-2) \times \cdots \times (a-b+1)}_{b\text{ 個（×でつながった項の数）}}$

組み合わせ　　$_aC_b = \dfrac{_aP_b}{b!} = \dfrac{a \times (a-1) \times (a-2) \times \cdots \times (a-b+1)}{\underbrace{b \times (b-1) \times (b-2) \times \cdots \times 1}_{b\text{ 個}}}$

※ 公式の意味
　順列は並べ方なので、順番が異なればカウントされる。
　$A-B$、$B-A$ は別のものと考える。

12 順列・組み合わせ

考え方

STEP 1　解答　① P－Q　② Q－P　③ 2　④ 12

1枚目を1つ決めたとき、2枚目に並べられるカードを樹形図で表した。
1枚目は4種類のうちから1つ選び、2枚目は残りの3枚から1つ選ぶので、
　$4 \times 3 = 12$（通り）
これを式に表すと、4枚から2枚を取るときの並べ方なので、
　$_4P_2 = 4 \times (4-1) = 4 \times 3 = 12$（通り）

●順列の樹形図●

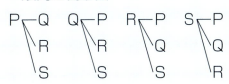

STEP 2　解答　① PとQ　② 6

4枚のカードから2枚取って組み合わせると、
(PQ)(PR)(PS)(QR)(QS)(RS)
(QP)(RP)(SP)(RQ)(SQ)(SR) の6通りできる。
└1種類とみなす。

組み合わせでは、上のPQとQPのように、同じカードの組み合わせは1種類とみなす。

これを式で表すと、
　$_4C_2 = \dfrac{4 \times 3}{2 \times 1} = 6$（通り）

●組み合わせの樹形図●

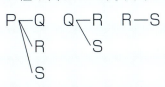

3通り　2通り　1通り

練習問題 1　12 順列・組み合わせ　□と（　）に答えなさい。

重要!

1 AKIEの4文字を横1列に並べる並べ方は何通りあるか。

初めの文字の選び方は（①　　　）通り。
その各々について2番目の文字の選び方は
（②　　　）通り。
同様に、3番目は（③　　　）通りで、最後は1通り。

□通り

```
A－K－I－E
      ＼E－（④　　）
A－I－K－E
      ＼E－K
A－E－I－K
      ＼K－（⑤　　）
```
初めの文字が、残り3つの文字にかわっても同様。

2 W、X、Y、Zの4人が横に並ぶとき、Yが常に端に立つ並び方は何通りか。

| Y | | | |　Yが左端のとき、残り3人の並び方は（①　　　）通り。

| | | | Y |　Yが右端のとき、残り3人の並び方は（②　　　）通り。

□通り

よく出る

3 赤、黄、青、白、緑の5色のペイントがある。このうち3色の異なる色を使って図のような紙に色を塗りたいと思う。何通りの塗り方があるか。

左端に塗れる色は（①　　　）通り。
真ん中に塗れる色は（②　　　）通り。
右端に塗れる色は（③　　　）通り。

□通り

4 会社の企画会議を行うことになった。この部屋にはテーブルをはさんで5人が座れるようになっている。ここに4人が座る場合、何通りの座り方があるか。

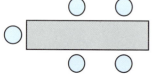

A、B、C、Dの4人が座るとする。初めにAが座る場合、座る場所は（①　　　）通り。次に、Bが（②　　　）通り、Cが（③　　　）通り、Dが（④　　　）通りある。

□通り

ここがPOINT！ Ⅱ

$$順列；\quad {}_n P_n = n! = \underbrace{n \times (n-1) \times \cdots\cdots \times 2 \times 1}_{n\text{ 個}}$$

解答と解説

1　解答　24

初めに置ける文字は、「A」「K」「I」「E」の4種類ある。次の文字は残りの3種類から選ぶ。3番目の文字はさらに1文字引いた2文字から選ぶ。最後に1文字が残る。これらを式で表すと、

$4 \times 3 \times 2 \times 1 = 24$（通り）

別解；${}_4 P_4 = 4! = 4 \times 3 \times 2 \times 1 = 24$（通り）

空欄の答え　①4　②3　③2　④1　⑤1

2　解答　12

Yが端に立つ並び方なので、Yは左端か右端の2通りである。
Y以外の3人について並び方を考える。初めの人は3人から選び、次の人は2人から選び、最後は1人なので、$3 \times 2 \times 1 = 6$（通り）
これにYの並び方の2通りをかけると答えになるので、$6 \times 2 = 12$（通り）

別解；$2 \times {}_3 P_3 = 2 \times 3! = 2 \times 3 \times 2 \times 1 = 12$（通り）

空欄の答え　①6　②6

3　解答　60

塗れる色は5色ある。この中から最初に選べる色は5通り、次は4通り、3番目は3通り選ぶことができる。これらの積が求める答えになるので、

$5 \times 4 \times 3 = 60$（通り）

空欄の答え　①5　②4　③3

4　解答　120

席は5つあるので、初めの人は5通り選べる。次の人は残りの4通り……と考えていくと、$5 \times 4 \times 3 \times 2 = 120$（通り）

別解；${}_5 P_4 = 5 \times 4 \times 3 \times 2 = 120$（通り）

空欄の答え　①5　②4　③3　④2

12　練習問題1　順列・組み合わせ

練習問題2　12 順列・組み合わせ

□に答えなさい。

重要!

1 日本酒6種類を用意し、この中から2本を選んでセットにして販売しようと思う。何種類の組み合わせが可能か。

A 12通り　　B 14通り　　C 15通り　　D 20通り
E 24通り　　F 30通り　　G 34通り　　H 該当なし

2 選ばれた16人の派遣登録者から最終選考で2人を決めなければならない。2人を選ぶ組み合わせは何通りあるか。

A 100通り　B 120通り　C 150通り　D 160通り
E 180通り　F 200通り　G 210通り　H 該当なし

よく出る

3 集まった9人のメンバーを総務の人員2人、技術者3人、営業4人に分けたい。何通りの分け方があるか。

A 280通り　　B 560通り　　C 840通り　　D 1120通り
E 1260通り　F 1540通り　G 1820通り　H 該当なし

ここがPOINT！ Ⅲ

$$組み合わせの計算例；{}_5C_3=\frac{{}_5P_3}{3!}=\frac{5\times4\times3}{3\times2\times1}=10（通り）$$

解答と解説

1 解答　C

6本のうちから2本を選ぶ組み合わせを考える。6×5＝30（通り）とすると、（A・B）、（B・A）というような、順番は異なるが、結果として同じものを2回カウントしていることになる。よって、2で割って、30÷2＝15（通り）

別解；
$${}_6C_2=\frac{6\times5}{2\times1}=\frac{30}{2}=15（通り）$$

2 解答　B

16人から2人を選ぶ組み合わせを考える。2人の並べ方は、
16×15（通り）になるが、（A・B）、（B・A）のように同じ組み合わせがある。
したがって、「全ての並べ方」÷2を使って求めればよい。
（16×15）÷2＝8×15＝120（通り）

別解；
$${}_{16}C_2=\frac{16\times15}{2\times1}=8\times15=120（通り）$$

3 解答　E

まず、9人から総務の人員を2人決める組み合わせを考えてみる。
9人から2人を選ぶ組み合わせなので、${}_9C_2=（9\times8）\div（2\times1）=36（通り）$
次に、残りの7人から3人を選ぶ組み合わせは、

$${}_7C_3=\frac{7\times6\times5}{3\times2\times1}=35（通り）$$

> 分母が3！＝3×2×1になることに注意する。

残りの組み合わせは4人の中から4人を選ぶので
全員選ぶ形になり、1通り。
したがって、36×35×1＝1260（通り）

「組み合わせは～」という問題では
「${}_aC_b$」を使えば大丈夫!!

12 練習問題2　順列・組み合わせ

13 確率のとらえ方

ある事柄の起こる場合の「確率」を求める

▶ サイコロやカードなどに関する問題

STEP 1　1つのサイコロの場合

サイコロ1つを投げて2の目が出る確率はいくらか。

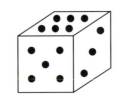

| サイコロA | 1 | 2 | 3 | 4 | 5 | 6 |

出る目のすべての数＝（①　　　）通り
条件に当てはまる数＝（②　　　）通り

2の目が出る確率＝ ③

STEP 2　2つのサイコロの場合

サイコロを2個投げるとき、2つとも2以下の目が出る確率はいくらか。

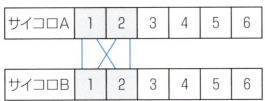

出る目のすべての数＝6×（①　　　）＝（②　　　）通り
条件に当てはまる数＝（③　　　）通り

2つとも2以下の目が出る確率＝ ④

ここがPOINT! I

確　率 ＝ $\dfrac{\text{ある事柄が起こる場合の数}}{\text{起こりうるすべての場合の数}}$　※「順列・組み合わせ」
　　　　　　　　　　　　　　　　　　　　　　　→P76、77参照

考え方

STEP 1　解答　① 6　② 1　③ $\dfrac{1}{6}$

1つのサイコロを転がしてみると、サイコロは1から6までの数字がかかれている正六面体の形をしているので、目の出方は6通りになる。

その中から2が出るのは、1つしかないので、1通りである。

したがって、1つのサイコロを転がして、2の目が出る確率は、$\dfrac{1}{6}$になる。

「サイコロ」の目は1でも6でも、出る確率は同じである。

＊確率というのは、「**起こりうるすべての場合の数**」を分母として、「**ある事柄が起こる場合の数**」を分子にして表すことができる。「**確率**」は「**全体の中である条件が起こると期待される割合**」のことといえる。

13

確率のとらえ方

STEP 2　解答　① 6　② 36　③ 4　④ $\dfrac{1}{9}$

まず、2つのサイコロの目の出方は、全部で何通りあるかを知る必要がある。たとえばサイコロAが1の場合、サイコロBは1から6までのどれが出てもよい。したがって、サイコロAが1のときにできる組み合わせの種類は6通りということになる。これがサイコロAの1から6までのすべての数について考えられるので、6×6＝36（通り）

サイコロを2つ使う場合、目の出方は全部で36通りということになる。

次に「2つとも2以下の目が出る」条件に合う組み合わせを考える。

2以下なので、使える数字は、1と2のみ。サイコロA、Bの目の出方は、（1－1）（1－2）（2－1）（2－2）の4通りできる。

つまり、条件に当てはまる組み合わせは4通りということになる。

よって、求める確率＝$\dfrac{4}{36}$＝$\dfrac{1}{9}$

練習問題1 13 確率のとらえ方

と( )に答えなさい。

1 1から10までの数が書かれた10枚のカードがある。ここから1枚取り出すとき、4以下の数が出る確率はいくらか。

| 1 | 2 | 3 | 4 | 5 | 6 | 7 | 8 | 9 | 10 |

| 1 | 2 | 3 | 4 |

10枚から1枚の取り出し方＝（①　　　）通り。
4以下のカードの取り出し方＝（②　　　）通り。

2 青球2個、黄球3個が入っている箱がある。この箱から同時に2個球を取り出すとき、両方とも黄球になる確率を求めよ。

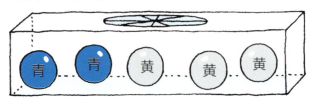

5個から2個を取り出す組み合わせは、（①　　　）通り。
3個から2個を取り出す組み合わせは、（②　　　）通り。

3 箱に10本のくじが入っている。この中に3本の当たりが入っている。このくじを続けて2本引くとき、それが2本とも当たりになる確率を求めよ。

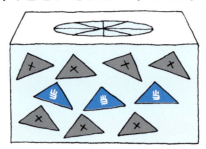

2本のくじの引き方は、（①　　　）通り。
当たりくじの引き方は、（②　　　）通り。

ここがPOINT！Ⅱ

「起こりうるすべての場合の数」をまず求める

解答と解説

1 解答 $\dfrac{2}{5}$

全体の種類は、カードが1から10までなので、10通り。

条件は4以下の数が出る場合なので、当てはまる数は、4・3・2・1の4通り

求める確率＝$\dfrac{4 \text{通り}}{\text{全通り}}=\dfrac{4}{10}=\dfrac{2}{5}$

空欄の答え　①10　②4

13
練習問題1　確率のとらえ方

2 解答 $\dfrac{3}{10}$

青球をA・B、黄球をC・D・Eとすると、2個取り出す組み合わせは、（A、B）（A、C）（A、D）（A、E）（B、C）（B、D）（B、E）（C、D）（C、E）（D、E）の10通り。両方とも黄球になる組み合わせは、（C、D）（C、E）（D、E）の3通りだけである。よって、求める確率＝$\dfrac{3}{10}$

別解；5個の中から2個を取り出す組み合わせは、

$_5C_2=\dfrac{5\times4}{2\times1}=10$（通り）

2個とも黄球が出る組み合わせは、

$_3C_2=\dfrac{3\times2}{2\times1}=3$（通り）

よって、求める確率＝$\dfrac{3}{10}$

> 「条件に当てはまる場合」を組み合わせで数えたら、「起こりうるすべての場合」も組み合わせで数えること。

空欄の答え　①10　②3

3 解答 $\dfrac{1}{15}$

10本のくじから2本のくじの引き方は、$_{10}C_2=\dfrac{10\times9}{2\times1}=45$（通り）

当たりくじの引き方は、$_3C_2=\dfrac{3\times2}{2\times1}=3$（通り）◀

> 当たりをA、B、C、はずれをD～Jとして考える。

よって、求める確率は $\dfrac{3}{45}=\dfrac{1}{15}$

別解；1本目に当たりくじを引く確率＝$\dfrac{3}{10}$

2本目も当たりくじを引く確率＝$\dfrac{2}{9}$ ◀

> 1本目…10本中3本が当たり
> 2本目…9本中2本が当たり

よって、$\dfrac{3}{10}\times\dfrac{2}{9}=\dfrac{1}{15}$

空欄の答え　①45　②3

練習問題2 13 確率のとらえ方

☐ に答えなさい。

1 2つのサイコロを投げるとき、目の和が10になる確率（ア）と目の積が6になる確率（イ）とではどちらがどれだけ出る確率が高いか。

A アの方が $\frac{1}{36}$ 高い　　B アの方が $\frac{1}{12}$ 高い

C アの方が $\frac{1}{9}$ 高い　　D イの方が $\frac{1}{36}$ 高い

E イの方が $\frac{1}{12}$ 高い　　F イの方が $\frac{1}{9}$ 高い

G 同じ確率　　　　　　H 該当なし

よく出る

2 赤玉2個、黄玉3個、青玉1個が入った袋から、同時に2個取り出すとき、2個の玉の色が異なる確率を求めよ。

A $\frac{2}{5}$　　B $\frac{3}{5}$　　C $\frac{4}{5}$　　D $\frac{4}{15}$

E $\frac{7}{15}$　　F $\frac{8}{15}$　　G $\frac{11}{15}$　　H 該当なし

3 当たりが3本、はずれが7本のくじの束がある。このくじを1本ずつ引く。一度引いたくじは戻さないものとするとき、2回目に当たる確率を求めよ。

A $\frac{1}{2}$　　B $\frac{1}{3}$　　C $\frac{1}{4}$　　D $\frac{2}{5}$

E $\frac{3}{10}$　　F $\frac{5}{12}$　　G $\frac{3}{20}$　　H 該当なし

ここがPOINT! Ⅲ

起こり得るある事柄を具体的にもれなく書き出す

解答と解説

1 解答　D

2個のサイコロを使うので、目の出方は全部で36通りである。

(ア)目の和が10になる組み合わせは、(4−6)、(5−5)、(6−4)の3通りなので、求める確率は、$\dfrac{3}{36} = \dfrac{1}{12}$

(イ)目の積が6になる組み合わせは、(1−6)、(2−3)、(3−2)、(6−1)の4通りなので、求める確率は、$\dfrac{4}{36} = \dfrac{1}{9}$

(ア)と(イ)の差を求めると、$\dfrac{1}{9} - \dfrac{1}{12} = \dfrac{4}{36} - \dfrac{3}{36} = \dfrac{1}{36}$

よって、(イ)の目の積が6になる組み合わせの方が出る確率が $\dfrac{1}{36}$ だけ高くなる。

2 解答　G

玉は全部で、2＋3＋1＝6個あるので、6個から2個取り出す組み合わせは全部で、$_6C_2 = \dfrac{6 \times 5}{2 \times 1} = 15$(通り)

「2個の玉の色が異なる確率」を直接求めるのは大変なので、「同じ色が2個出る確率」を考えて、それを全体の確率1から引くという考え方を使う。

1−同じ色が出る確率＝異なる色が出る確率

同じ色が出る種類の組み合わせは（赤・赤）（黄1・黄2）（黄1・黄3）（黄2・黄3）の4通りだけである。全体が15通りなので同じ色が出る確率は、$\dfrac{4}{15}$

よって、求める確率；1−同じ色が出る確率＝$1 - \dfrac{4}{15} = \dfrac{11}{15}$

3 解答　E

くじは全部で10本ある。10本から2本の取り出し方は全部で、10×9＝90(通り)

次に、条件に当てはまる場合の数を考えよう。

順列で考える。

2回目に当たりを引く条件は2通りある。

①1回目に当たりを引いて、2回目も当たりを引く場合……3×2＝6(通り)

②1回目は当たりを引かないで2回目に引く場合……7×3＝21(通り)

はずれ　　　当たり

よって、求める確率；$\dfrac{6 + 21}{90} = \dfrac{27}{90} = \dfrac{3}{10}$

13

練習問題2　確率のとらえ方

14 集合 ▶ 要素の個数に関する問題

ベン図を使って「集合」の要素の個数を求める

STEP 集合の人数を求める

ある村の93世帯416人に定期預金について調査した。調査内容は、現在持っている定期預金の種類について調べるものだった。郵貯銀行系は232人、都市銀行系は218人、両方持っている人は56人であった。どちらも持っていない人は何人いるか。

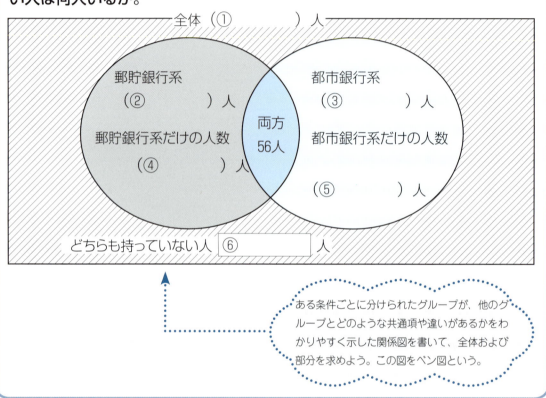

ある条件ごとに分けられたグループが、他のグループとどのような共通項や違いがあるかをわかりやすく示した関係図を書いて、全体および部分を求めよう。この図をベン図という。

ベン図の効果的な書き方（P91「ここがPOINT! Ⅱ」参照）

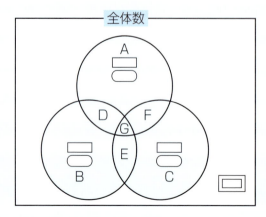

□ ：問題文中に示された数
◯ ：そのグループだけの数
▱ ：A、B、C以外の数

○数字は大きめに書いて見やすくすると考えやすい。

○重なる部分も記号と数や式で表せるように広めにスペースをつくる。

ここがPOINT! I

集合は、とにかくベン図を書く

考え方

STEP 解答 ① 416 ② 232 ③ 218 ④ 176 ⑤ 162 ⑥ 22

SPIの場合、図式化するなどして、速く解く必要があるので、このベン図はとても役立つ。ぜひ、覚えてほしい。

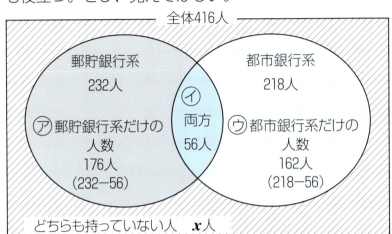

すべてを記入すると左の図のようになる。ここから「どちらも持っていない人」が計算できる。

郵貯銀行系の定期預金を持っている人は232人、都市銀行系の定期預金を持っている人は218人、両方持っている人56人はわかっているので図中に書く。
次に、「郵貯銀行系定期預金しか持っていない人」を求めよう。
それは郵貯銀行系の232人から両方の56人を引いた数になる。
　232－56＝176（人）　……㋐

計算で出した数値はベン図にドンドン書こう。

次に「都市銀行系の定期預金しか持っていない人」を求める。
これも同じように都市銀行系の定期預金者218人から、両方の56人を引いた数になる。
　218－56＝162（人）　……㋒

㋐、㋑、㋒を加えると176＋56＋162＝394（人）となり、「何らかの定期預金を持っている人」の全体の数が出てくる。
この村の人数は全員で416人なので、これとの差がどちらの定期預金も持っていない人の数となる。
　416－394＝22（人）

14 集合

練習問題1 14 集　合

と(　)に答えなさい。

9370世帯が住んでいる小川町では、4人以上の家族がいる世帯は5547世帯である。また、4人以上の世帯で自動車を持っている世帯は2125世帯、小川町全体の世帯における自動車の所有率は60%である。この町では高齢化が進み、町全体の74%が高齢者である。また、自動車所有者の82%が高齢者だった。

重要!

(1) 小川町で3人以下の家族の世帯は何世帯か。

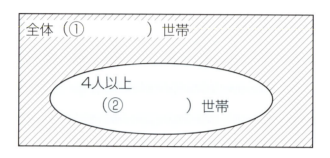

A　3623世帯　　B　3723世帯　　C　3823世帯　　D　3923世帯
E　4033世帯　　F　4133世帯　　G　4333世帯　　H　4433世帯

(2) 小川町で自動車を所有していない世帯は何世帯か。

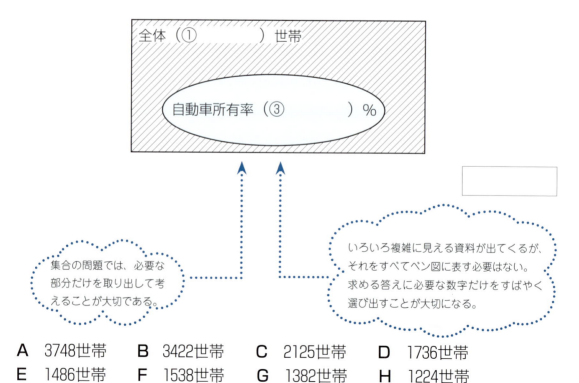

集合の問題では、必要な部分だけを取り出して考えることが大切である。

いろいろ複雑に見える資料が出てくるが、それをすべてベン図に表す必要はない。求める答えに必要な数字だけをすばやく選び出すことが大切になる。

A　3748世帯　　B　3422世帯　　C　2125世帯　　D　1736世帯
E　1486世帯　　F　1538世帯　　G　1382世帯　　H　1224世帯

ここがPOINT！Ⅱ

ベン図を書く手順は以下のとおり

1. まず、全体を表す長方形を書く
2. 次に必要なグループの数だけ円を書く
3. 円はお互いが交わるように重ねて書く
4. 円の上部に名称を記入する
5. その下に問題文に示されている数字を書く
6. 重なっている部分の数字を引いた数を円の真ん中に書く
7. 求めたい部分に文字を入れる
8. 求める文字を計算できるように方程式を立てる

解答と解説

解答　(1)C

ここでは、3人以下の世帯数を求めたいので、世帯に関する数字だけを使えばいい。世帯に関する数字は、4人以上の世帯数が5547世帯と出ている。3人以下というのは全体からこの数字を引いた数になる。

9370－5547＝3823（世帯）

空欄の答え　①9370　②5547

解答　(2)A

自動車を所有していない世帯というのは、問題文の条件に直接は書かれていない。そこで、与えられている条件を使って答えを求める。

自動車に関する数字は、「4人以上の世帯で自動車を持っている世帯は2125世帯、小川町全体の世帯における自動車の所有率は60％」の2つである。

ここでは、「小川町全体の世帯における自動車の所有率は60％」というところを使う。

自動車の所有率が60％ということは、残りの40％は所有していないことになる。求めるのは自動車を所有していない世帯数だから、全世帯数に40％をかければよい。

全世帯数×（1－所有率）
＝9370×（1－0.6）
＝9370×0.4
＝3748（世帯）

空欄の答え　③60

練習問題2 **14 集　合**

□に答えなさい。

関西の外資系の会社員1500人について外国語の会話力を調査した。フランス語を話せる人は600人、スペイン語を話せる人は650人、中国語を話せる人は500人だった。フランス語もスペイン語も話せる人は250人いた。フランス語が話せないと答えた人の $\frac{1}{3}$ が中国語が話せると答えた。話せると答えた人以外は話せないものとする。

(1)　フランス語もスペイン語も話せない人は何人いることになるか。

A　190人　　B　200人　　C　210人　　D　220人
E　330人　　F　440人　　G　500人　　H　該当なし

(2)　フランス語、中国語の両方話せると答えた人は何人か。

A　190人　　B　200人　　C　210人　　D　220人
E　230人　　F　240人　　G　250人　　H　該当なし

よく出る

(3)　スペイン語も中国語も話せると答えた人は150人、3カ国語とも話せると答えた人は100人いた。3カ国語とも話せない人は何人いたか。

A　190人　　B　200人　　C　250人　　D　300人
E　340人　　F　420人　　G　450人　　H　該当なし

ここがPOINT! Ⅲ
ベン図を書き、必要なグループだけをとり出して数字を入れていく

解答と解説

> 解答 (1) G

フランス語とスペイン語だけについて表すと次のようになる。まず、ベン図の3つの要素を求める。フランス語もスペイン語も話せるのは250人なので、
フランス語だけを話せる人；600−250＝350（人）
スペイン語だけを話せる人；650−250＝400（人）
フランス語かスペイン語が話せる人；
　350＋250＋400＝1000（人）
フランス語もスペイン語も話せない人＝全体−フランス語かスペイン語が話せる人
　　　　　　　　　　　　　　　　＝1500−1000＝500（人）

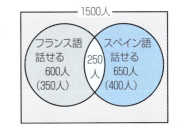

> 解答 (2) B

フランス語が話せない人；1500−600＝900（人）

この $\frac{1}{3}$ が中国語を話せるので、$900 \times \frac{1}{3} = 300$（人）…①
フランス語、中国語の両方話せる人を x 人とすると、
フランス語だけ話せる人；$(600-x)$ 人
中国語だけ話せる人；$(500-x)$ 人
①の300人は、フランス語が話せなくて中国語を話せる人の $500-x$ に当たる。
　$500-x=300$　$500-300=x$　$x=200$（人）

> 解答 (3) C

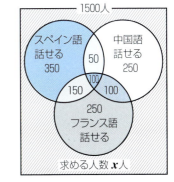

「スペイン語も中国語も話せると答えた人は150人、3カ国語とも話せると答えた人は100人」より、スペイン語と中国語の2カ国語が話せる人；150−100＝50（人）
(2)より、フランス語と中国語の両方話せる人は200人。
フランス語と中国語の2カ国語が話せる人は、
200−100＝100（人）
(1)より、フランス語とスペイン語の両方話せる人は250人。フランス語とスペイン語の2カ国語が話せる人は、250−100＝150（人）
全体数1500人から各要素の人数を引いた残りが求める人数となる。
　1500−(350＋50＋250＋150＋100＋100＋250)＝1500−1250＝250（人）

15 推論 ▶順番や勝ち負けなどに関する問題

論理的に考えて確実な条件のものから順に並べて解く

STEP 高さ比べ

P、Q、R、S、Eの5人が走り高跳びをした。
P「私はQさんより高く、Rさんより低かった」
S「私はRさんより低く、Pさんより高い記録だった」
E「私は3番目に高い結果だった」

高い順に並んだとき、2番目に来る人は誰か。

はじめに、Pさんの発言より　　R＞（①　　　）＞Q

Sさんの発言より　　　　　　　R＞（②　　　）＞（①　　　）

これらのことから、　R＞（②　　　）＞（①　　　）＞Q

Eは3番目だから、　R＞（②　　　）＞E＞（①　　　）＞Q

したがって、2番目に高い記録の人は、｜ ② ｜

ここがPOINT! Ⅰ

①与えられた条件を順に並べる
②確実にいえるところだけで判断する
③即断できないものはすべての条件を見てから妥当性を考える

考え方

STEP 解答 ① P ② S

Pの発言「私はQさんより高く、Rさんより低かった」より、
「Qさんより高い」ので、P＞Q
また、「Rさんより低かった」より、R＞Pという関係がわかる。
ここから2つを合わせると、R＞P＞Qになる。……①

> わかるところから
> 書いていく。

Sの発言「私はRさんより低く、Pさんより高い記録だった」より、
「Rさんより低い」ので、R＞S
「Pさんより高い」ので、S＞Pという関係がわかる。
ここから2つを合わせると、R＞S＞Pが決まる。……②

15

推

論

これらの結果から、次のことがわかる。

①より、R＞P＞Q
②より、R＞S＞P

これらを合わせると、SはRとPの間に入ることがわかるので、

R＞S＞P＞Q

という順番が決まる。

E「私は3番目に高い結果だった」という条件を加えると、

R＞S＞E＞P＞Q

これですべての順位が決まった。

よって、高い方から2番目の順位の人は、Sとわかる。

95

練習問題 1 15 推　論

　　　　　　　　　　　　　　　　　　　　　☐と(　)に答えなさい。

　A、B、C、Dの4人が総当たりでテニスの試合をした。総当たり戦で1回ず
つ試合をした結果、引き分けはなく、2勝1敗となった人が3人いた。B君は
C君にもD君にも勝ち、D君はA君に勝ったことがわかっている。

	A	B	C	D
A				×
B			○	(①　　)
C		(②　　)		
D	○	(③　　)		

(1)　A君とB君の試合はどちらが勝ったか。

(2)　C君は何勝何敗したか。

(3)　次の文章で正しいものはどれか。

　　ア　Aは2勝1敗であった
　　イ　Bは1勝した
　　ウ　Cは全勝した
　　エ　Dは全敗であった
　　オ　全敗した人はいなかった

ここがPOINT！Ⅱ

試合は勝敗表を作ることからスタートする

解答と解説

解答　(1)A

4人が総当たり戦で試合をする場合、試合数は、3＋2＋1＝6（試合）。
引き分けがないので、4人の勝ちは全部で6勝、負けは6敗になる。
条件に2勝1敗が3人とあるので、合計勝敗数は、6勝3敗。したがって、残りの1人は、3敗していることになる。つまり、全敗である。また、全勝は1人もいないこともわかる。

次に個々の勝敗を考える。
B君はC君にもD君にも勝ち、D君はA君に勝った。これを勝敗表に記入すると、右のようになる。

	A	B	C	D
A				×
B			○	○
C		×		
D	○	×		

ここに最初の2勝1敗が3人いるという条件を加えると、1つでも勝ち星のある人が2勝1敗とわかる。よって、BとDが決まる。

> 勝った方に○をつけたら、相手の方には×をつけておこう。

	A	B	C	D
A		○	○	×
B	×		○	○
C	×	×		×
D	○	×	○	

また、AはBに勝ったことがわかるから、Aも2勝1敗と決まる。

空欄の答え　①○　②×　③×

解答　(2)0勝3敗

上の表より、Cは1勝もしていないことが決まる。

解答　(3)ア

ア	Aは2勝1敗であった	……（○）
イ	Bは1勝した	……（×）Bも2勝1敗している
ウ	Cは全勝した	……（×）Cは全敗した
エ	Dは全敗であった	……（×）Dも2勝1敗している
オ	全敗した人はいなかった	……（×）Cは全敗した

練習問題2 15 推 論

に答えなさい。

7月3日、T君の仕事用のパソコンに入ってきたメールに次のような業務の指示が入った。

①作業L2は、作業K1より先に始めること
②作業M3は、作業L2の後でよい
③作業P5は、最優先で始める
④作業K1は、作業N4より先に取り組む
⑤作業M3は、作業K1の直後に始める

(1) 最後に取り組む作業はどれか。

A 作業K1 　　　B 作業L2 　　　C 作業M3
D 作業N4 　　　E 作業P5

(2) 4番目に取り組む作業は何か。

A 作業K1 　　　B 作業L2 　　　C 作業M3
D 作業N4 　　　E 作業P5

よく出る

(3) 作業Q6を急に行ってほしいと再度メールが入った。この作業をK1とP5の間に行う必要があるとき、作業順番で考えられる番号を選びなさい。

A 1番目だけ 　　B 3番目だけ 　　C 4番目だけ
D 2番目と3番目 　　E 3番目と4番目 　　F 2番目と4番目
G それ以外

ここがPOINT! Ⅲ

同じ作業はタテにそろえて書く

解答と解説

解答 (1)D

まず、これらの作業指示から、先にするものから作業の順番を決めていく。

①より、　　　　L2>K1
②より、　　　　L2　　　　>M3
③より、 P5>
④より、　　　　　　K1　　　　　>N4
⑤より、　　　　　　K1　>M3

> 同じ作業は、タテにそろえて書くと、順序がわかりやすい。

ここから確実に言えることをまとめてみる。

①と④より、L2>K1>N4
③より、P5>L2>K1>N4
⑤より、**P5>L2>K1>M3>N4**

これで、全体の順番が決まった。
最後に取り組む作業は、N4になる。

解答 (2)C

上の順番から判断すると、4番目の作業は、M3だとわかる。

解答 (3)D

作業Q6をK1とP5の間に行うので、
P5>L2>K1>M3>N4の「K1とP5の間」にQ6を置くことになる。それには2通りの置き方がある。

1つは、P5とL2の間、P5>**Q6**>L2>K1>M3>N4

もう1つは、L2とK1の間なので、P5>L2>**Q6**>K1>M3>N4となる。

よって、考えられる順番は、2番目と3番目である。

15

練習問題2　**推　論**

16 ものの流れと比率

ものの流れから、その割合を求める ▶ ものの流れを文字と式で表す

STEP 1　Xにあるものがある割合だけYに送られることを示す場合

図のような割合でXからYへものが送られたとき、YをXで表せ。

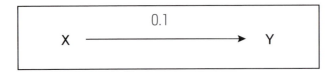

Xから0.1だけYに送られる場合、Y=［①　　　］Xになる。

STEP 2　2カ所から出荷されたものが1カ所に集まる場合

図のような割合でX、YからZへものが動いたとき、Zを表せ。

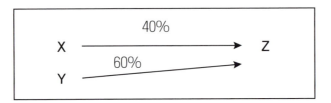

Xから40%、Yから60%の割合でZに納入される場合、

　　　Z=［①　　　］X+［②　　　］Y　となる。

STEP 3　複数の業者を経由して納入される場合

図のような割合でX、YからZへものが動いたとき、Zを表せ。

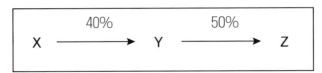

Xから40%がYに送られ、Yから50%がZに送られる場合

　　　ZがYから送られる数は、Z=［①　　　］Y　となる。

また、YにはXから0.4の割合が送られるので、Y=0.4X になる。
これらを合わせた式を表すと、

　　　Z=［①　　　］Y=［①　　　］×0.4X=［②　　　］X　となる。

ここがPOINT! I

1；「出発点の記号×割合」で式を立てる
2；方程式を立てる考え方で式を作る

考え方

STEP 1　解答　① 0.1

XからYへ a の割合だけが送られるとき、等式は次のように書く。

Y＝a×X＝aX

よって、Xから0.1だけYに送られる場合、Y＝0.1X になる。

STEP 2　解答　① 0.4　② 0.6

X、Yの2カ所から出荷されたものがZに集まる場合の式は、それぞれの入荷数を加えればよい。

ZにはXから a の割合とYから b の割合の2つが加わる等式となる。

Z＝aX＋bY

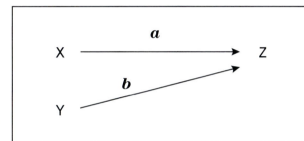

よって、Xから40%、Yから60%の割合でZに納入される場合、

Z＝0.4X＋0.6Y

STEP 3　解答　① 0.5　② 0.2

ZにはYから b の割合だけしか入らないのでその等式は、

　Z＝bY　……YとZの関係だけ
　　　　　　でとらえる場合の式。

一方、YにはXから a の割合の品物が納入されるので

　Y＝aX

この2つの式から、Zに流れる割合は、

　Z＝bY＝b(aX)＝abX

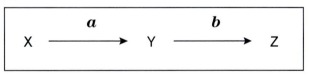

Z＝bY、Z＝abXのどちらも同じ大きさを表す式である。

よって、Z＝0.5Y、Y＝0.4X なので、Z＝0.5Y＝0.5×0.4X＝0.2X　となる。

練習問題1　16 ものの流れと比率

□と( )に答えなさい。

1 Zを表す式を2つ求めよ。

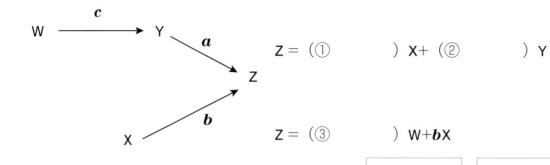

Z = (①　　　) X + (②　　　) Y

Z = (③　　　) W + bX

2 $c=0.3$のとき、WからZに納入される式を2つ求めよ。

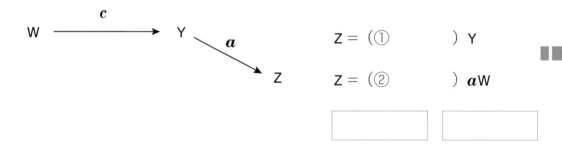

Z = (①　　　) Y

Z = (②　　　) aW

3 $a=0.2$、$b=0.8$、$c=0.4$、X=Wのとき、Zを表す式を求めよ。(①～③には記号を、④～⑥には数値を入れなさい。)

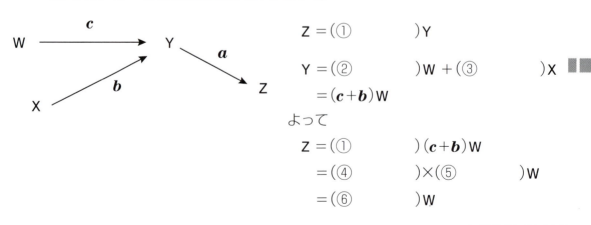

Z = (①　　　) Y

Y = (②　　　) W + (③　　　) X

　 = $(c+b)$W

よって

Z = (①　　　) $(c+b)$W

　 = (④　　　) × (⑤　　　) W

　 = (⑥　　　) W

ここがPOINT! Ⅱ

基本は　$X \xrightarrow{a(割合)} Y$　の場合、$Y = aX$ と表す

解答と解説

1 解答 $Z = bX + aY$、$Z = acW + bX$

Zにいたる納入ルートは2つある。
1つはXから入ってくる場合
XからZに入ってくる商品の割合はbなので、$Z = bX$ ……①
次に、Yから入ってくる場合
Yからはaの割合で入るので、$Z = aY$ ……②
また、YはWからcの割合で納入されるので、$Y = cW$ ……③
③と②から、Zに$aY = a \times cW = acW$ が入る。

　　　　　　　　　　　　　空欄の答え　① b　② a　③ ac

2 解答 $Z = aY$、$Z = 0.3aW$

Zからさかのぼって式を立ててみる。$Z = aY$である。
YをWで表すと、$Y = cW$
よって、$Z = aY = acW$ となる。
$c = 0.3$ なので、$Z = acW = a \times 0.3W = 0.3aW$

（aと0.3の関係は比率なのでかけ算で計算する。）

　　　　　　　　　　　　　空欄の答え　① a　② 0.3

3 解答 $Z = 0.24W$

ZにいたるルートがXからとWからの2つある。よって、$Z = aY$、$Y = cW + bX$
である。これらをまとめると
$Z = aY = a(cW + bX)$
$X = W$ より　$Z = a(cW + bW) = a(c + b)W$
$a = 0.2$、$b = 0.8$、$c = 0.4$ を代入すると、
$Z = a(c + b)W = 0.2(0.4 + 0.8)W$
　$= 0.2 \times 1.2W$
　$= 0.24W$

（並んで入ってくることに注意する。）

　　　　　空欄の答え　① a　② c　③ b　④ 0.2　⑤ 1.2　⑥ 0.24

練習問題2　16 ものの流れと比率

次の図を見て問いに答えよ。

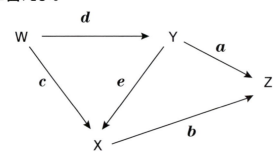

(1) Xに納入される割合を示す式を選べ。
ア　X＝cW＋eY
イ　X＝(c＋de)W
ウ　X＝(c＋d＋e)W

A　アだけ　　B　イだけ　　C　ウだけ　　D　アとイ
E　アとウ　　F　イとウ　　G　ア、イ、ウ　H　該当なし

(2) a＝0.8、b＝0.4、c＝0.6、d＝0.3、e＝0のとき、WからZに納入される商品数はどのような割合になるか。

A　16%　　B　28%　　C　36%　　D　48%
E　52%　　F　66%　　G　76%　　H　該当なし

(3) W＝10000冊、a＝0.6、b＝0.8、c＝0.3、d＝0.5、e＝0.4のとき、Zに納入される冊数は何冊になるか。

A　6400冊　　B　6800冊　　C　7000冊　　D　7400冊
E　7800冊　　F　8200冊　　G　9000冊　　H　該当なし

ここがPOINT! Ⅲ

$$X \xrightarrow{a(割合)} Y \quad W \xrightarrow{b(割合)} Y \quad で、Y = aX + bW$$

解答と解説

解答 (1) D

Xにいたる納入ルートは2つある。

　W→X と W→Y→X

それぞれについて式を立てる。

　W→X；Xに cW が入る；$X=cW$ ……①
　W→Y→X；Xに eY が入る；$X=eY$ ……②
　$Y=dW$ より、②に代入すると X に deW が入る；$X=deW$ ……③

これらの式に該当する場合が答えになる。

　ア　$X=cW+eY$　　……（○）①+②
　イ　$X=(c+de)W$　……（○）①+③
　ウ　$X=(c+d+e)W$ ……（×）

解答 (2) D

Zにいたるルートは2つある。

　1；W→Y→Z；$Z=aY$、$Y=dW$ より、$Z=adW$ ……①
　　$Z=adW=0.8×0.3W=0.24W$
　2；W→X→Z；$Z=bX$、$X=cW$ より、$Z=bcW$ ……②
　　$Z=bcW=0.4×0.6W=0.24W$

両方の和が答えになるので、$Z=0.24W+0.24W=0.48W$

よって、Wの0.48倍、つまり、Wからは48％の割合でZに送られてくることになる。

（$e=0$ なので、Y→X のルートは無視できる。）

解答 (3) C

それぞれの数字を図に記入して考えてみる。

W→X；10000×0.3＝3000（冊）……①
W→Y；10000×0.5＝5000（冊）……②
W→Y→X；5000×0.4＝2000（冊）……③
W→Y→Z；5000×0.6＝3000（冊）……④
X＝①+③＝3000+2000＝5000（冊）
X→Z；5000×0.8＝4000（冊）……⑤
Z＝④+⑤＝3000+4000＝7000（冊）

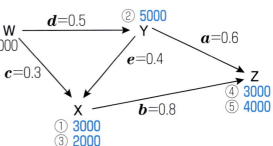

17 ブラックボックス ▶ 四則演算の記号を求める

箱にかくされている演算記号を考える

STEP 1　四則計算の場合　①

次のブラックボックスに当てはまる演算記号を答えよ。

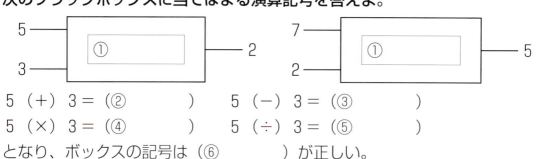

5（＋）3 ＝（②　　　）　　5（－）3 ＝（③　　　）
5（×）3 ＝（④　　　）　　5（÷）3 ＝（⑤　　　）
となり、ボックスの記号は（⑥　　　）が正しい。

STEP 2　四則計算の場合　②

次のブラックボックスに当てはまる演算記号を答えよ。

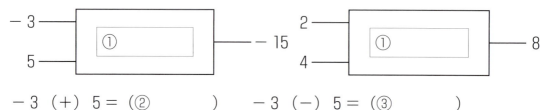

－3（＋）5 ＝（②　　　）　　－3（－）5 ＝（③　　　）
－3（×）5 ＝（④　　　）　　－3（÷）5 ＝（⑤　　　）
となり、ボックスの記号は（⑥　　　）が正しい。

STEP 3　四則計算の式の場合

次のブラックボックスに当てはまる演算を答えよ。

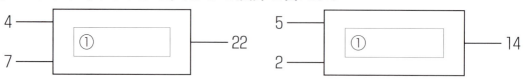

4（＋）7 ＝（②　　　）　　4（－）7 ＝（③　　　）
4（×）7 ＝（④　　　）　　4（÷）7 ＝（⑤　　　）
となり、ボックスに直接当てはまる記号はないが、「加えた後（⑥　　　）する」とすれば、ボックスに当てはまる。

ここがPOINT! Ⅰ

まず、＋、−、×、÷ で計算してみる

考え方

STEP 1 　解答 　① **−** 　② 8 　③ 2 　④ 15 　⑤ $\dfrac{5}{3}$ 　⑥ **−**

ブラックボックスを考えるとき、まず四則記号から選んでいく。

5と3が2、7と2が5というように、**もとの数字より小さくなっている**ので（＋）（×）ではないことがわかる。（−）か（÷）を当てはめると、5（−）3、5（÷）3、7（−）2、7（÷）2ができる。それぞれを計算すると、

5（−）3＝2、7（−）2＝5 ……（○）、5（÷）3＝$\dfrac{5}{3}$、7（÷）2＝$\dfrac{7}{2}$ ……（×）

STEP 2 　解答 　① **×** 　② 2 　③ −8 　④ −15 　⑤ $-\dfrac{3}{5}$ 　⑥ **×**

−3と5で答えが（−）となり、3と5で15、2と4で8になる演算記号を予測する。3と5で15、2と4で8になるのは、（×）しかない。

（−）×（＋）＝（−）より、（−3）×5＝（−15）となり、符号も数字も合う。

STEP 3 　解答 　① **加えた後2倍する** 　② 11 　③ −3 　④ 28 　⑤ $\dfrac{4}{7}$ 　⑥ 2倍

ボックスを通る前の4と7、5と2が、ボックスを通ると22、14に変化している。まず、四則計算をひと通りやってみて、22につながるきっかけを探してみよう。

　4＋7＝11、4−7＝−3、4×7＝28、4÷7＝$\dfrac{4}{7}$

これらの中から22に関係しそうなのは、4×7＝28、4＋7＝11の2つである。4×7＝28から6をひくということが考えられるが、もう一方で考えると、5×2−6＝4で14と合わない。

11を2倍すれば22になる。ほかの規則を使っても22にはならない。よって、（4＋7）×2という、「加えた後2倍する」という関係が答えになる。もう一方も、（5＋2）×2＝14で合う。

四則以外のものも出てくる。注意した方がいい考え方を記しておこう。

〈ブラックボックス〉

① 12・16 → 4の場合 （12；1, 2, 3, 4, 6, 12）（16；1, 2, 4, 8, 16）　最大公約数

② 8・12 → 24の場合 （8；8, 16, 24, 32, …）（12；12, 24, 36, …）　最小公倍数

③ 12・21 → 3の場合 （12；2, 3）（21；3, 7）　共通の素因数

④ 3・−2 → 3の場合　3＞−2　大きい方

17

ブラックボックス

練習問題1　17 ブラックボックス

次のブラックボックスが何かを例から考え、下の問題に答えよ。

例1　　　　　　　　　　　　　例2

(1) この条件のとき、PとQを組み合わせた次の装置を考える。aが3の場合、cはいくらになるか。

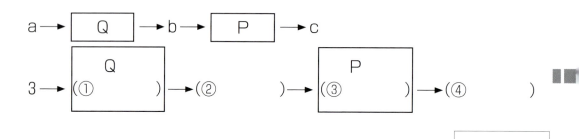

(2) cが21のとき、aはいくらになるか。

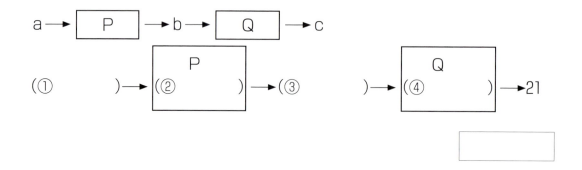

> **ここがPOINT! Ⅱ**
>
> # ボックスに演算記号を書くと計算しやすい

解答と解説

解答　(1)−5

例1より、ボックスPは、（−1）が（−3）、（2）が（0）というように、もとの数より2小さくなるという関係である。よって、ボックスPに「−2」が入ることがわかる。

同様にQでは、（−9）が（＋9）に変わっているので、「＋18」の足し算か、符号だけが変わる「×（−1）」が入ると推測される。0はどんな数をかけても0だから「×（−1）」が当てはまる。

この考え方にしたがって、問題を解いていくと、

3がQを通ると3は符号だけが変わった（−3）になる。

その（−3）が次にPを通るので（−2）を加えると、（−3）＋（−2）＝−5

空欄の答え　①×（−1）　②−3　③−2　④−5

解答　(2)−19

わかっている数字をまず、図の中に書き込み、そこから逆算していこう。
「bがボックスQを通ったら21になる」を考える。

b → □ Q □ →21

ボックスQは符号が変わる「×（−1）」だったので、b×（−1）＝21
よって、b＝21÷（−1）となるので、b＝−21

次に、bに−21を当てはめて、Pのボックスの式を計算する。

a → □ P □ →−21

ボックスPは（−2）なので、

a → □ −2 □ →−21

これを式にすると、a＋（−2）＝−21
ここから変形してaを求めると、a＝−21＋2＝−19

> 逆算は、等式の性質を利用する。
>
> $x + a = y \;\rightarrow\; x = y - a$
> $x - a = y \;\rightarrow\; x = y + a$
> $x \times a = y \;\rightarrow\; x = y \div a$
> $x \div a = y \;\rightarrow\; x = y \times a$

空欄の答え　①−19　②−2　③−21　④×（−1）

17

練習問題1　ブラックボックス

練習問題2 17 ブラックボックス

次のブラックボックスP、Q、Rをいくつかつないだ装置を作った。

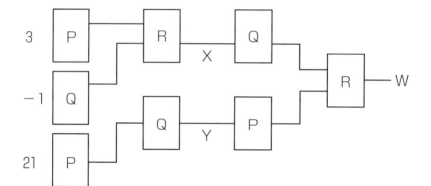

(1) Xに当てはまる数は何か。

A 2　　B 3　　C 4　　D 5
E 6　　F 7　　G 8　　H 該当なし

(2) Yに当てはまる数は何か。

A −19　　B −17　　C −15　　D −13
E 11　　F 19　　G 22　　H 該当なし

(3) Wに当てはまる数は何か。

A 12　　B 14　　C 16　　D 18
E 22　　F 24　　G 32　　H 該当なし

ここがPOINT! Ⅲ
ブラックボックスがいくつかあるとき、順に計算した数を書くとわかりやすい

解答と解説

解答 (1)E (2)G (3)G

まず、ボックスP、Qの順にきまりを明らかにする。まず、1→P→−1より、Pは「×(−1)」と「(−2)」が考えられるが、2×(−1)=−2となるので2→P→0と合わない。よって、Pは「(−2)」。

次にQを求める。1→Q→4より、Qは「(+3)」か「×4」が考えられる。−2+3=1が合うので、Qは「(+3)」である。

次にRは下のように考える。

```
G  0 0 1 1 2 2 2 3 3
T  0 1 2 3 0 1 2 1 3
Z  3 4 6 7 5 6 7 7 9
```

> 関係を推理したら、すべての場合に成り立つか、ざっと確認しよう。

これらから、数字の規則性を判断するために、最初の(0、0、3)、最後の(3、3、9)を見て予測する。
GとTがボックスRを通過してZになっているので、考えられる式は(0+0)+3、(0−0)+3、(0×0)+3のいずれかになる。
ここで(3、3、9)も同様に当てはめてみる。
(3+3)+3、(3−3)+3、(3×3)+3となるが、Z=9なので該当する式が(3+3)+3とわかる。
よって、ボックスRは、「G+T+3」の関係になる。

これらを当てはめてボックス全体を解いてみる。

次に計算した結果を書き込む。

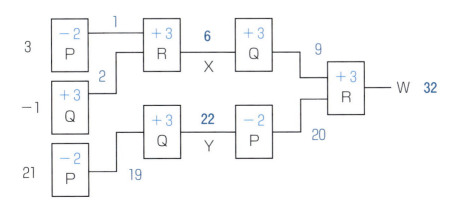

18 グラフの領域①

不等式の表す範囲（領域）
▶ グラフを使って条件に合う領域を求める

STEP　グラフの領域

次の直線について答えなさい。

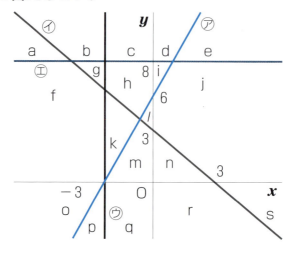

(1) ㋐の直線の式を求めなさい。

直線㋐を $y=ax+b$ とおくと、㋐は、
点 $(-3、0)$、$(0、6)$ を通るから、傾き $a=\dfrac{6-0}{0-(-3)}=\underline{2}$

したがって、$y=$ ① □ $x+$ ② □

（横に1進むと たてに2上がる）

(2) ㋒の直線の式を求めなさい。

直線㋒は、x 軸上の点（① 　　　）を通り、y 軸に平行な直線なので、

$x=$ ② □

(3) 次の3つの条件にあてはまる領域にふさわしいものを選びなさい。

ⅰ) $y>2x+6$
ⅱ) $y>-x+3$
ⅲ) $y<8$

A　b、c、d　　B　a、f、o　　C　k、m、n　　D　e、j
E　g、h、i　　F　p、q、r　　G　a、b、c、d、e　　H　kのみ

> ここがPOINT！ I
>
> 直線の傾き＝$\dfrac{y の増加量}{x の増加量}$

考え方

STEP 解答 (1)① 2 ② 6

直線の式を $y=ax+b$ とおくと、㋐は、
点（－3、0）、（0、6）を通るから、直線の傾きを求める公式に当てはめると、
傾き $a=\dfrac{y の増加量}{x の増加量}=\dfrac{6-0}{0-(-3)}=2$
また、切片はグラフの y 軸と交わる点なので、
（0、6）より、切片 b が6とわかる。
したがって、$y=2x+6$

STEP 解答 (2)① （－3、0） ② －3

x 軸上の点（－3、0）を通り、y 軸に平行な直線なので、$x=-3$

STEP 解答 (3)E

領域ⅰ）の境界線は、$y=2x+6$ である。この式の値より y は大きいので領域は

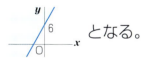 となる。

領域ⅱ）の境界線は、$y=-x+3$ である。
この式の値より y は大きいので、 となる。

領域ⅲ）の境界線は、y 軸上の点（0、8）を通り、x 軸に平行な直線なので、
$y=8$ である。この式の値より y は小さいので、 となる。

これら3つを当てはめると、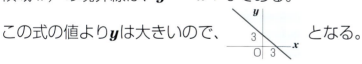 より、g、h、iになる。

> x 軸に平行な直線 ⇒ $y=b$

練習問題 18 グラフの領域①

次の(1)～(3)の問いに答えなさい。

条件： ア　$y < x + 3$
　　　 イ　$y > \dfrac{2}{3}x - 3$
　　　 ウ　$y < x^2$
　　　 エ　$y < -x^2$

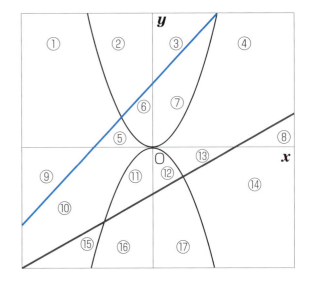

重要!

(1) アとイに共通の領域はどれか。記号で答えよ。

A 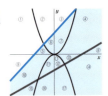　B 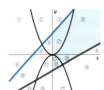　C 　D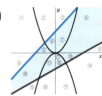

(2) ウとエに共通の領域はどれか。記号で答えよ。

A 　B 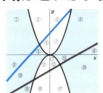　C 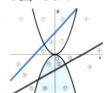　D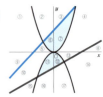

よく出る

(3) 条件；ア、イ、ウ、エのすべてを満たす領域はどれか。

　A ⑥・⑦　B ②・③　C ⑨・⑩　D ④・⑬
　E ⑭・⑰　F ⑪・⑫　G ⑤・⑥　H 該当なし

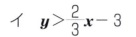

解答と解説

解答 (1) D

ア $y < x + 3$ 　　　イ $y > \dfrac{2}{3}x - 3$ 　　　アとイの共通の領域

 ＋ 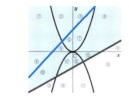 ⇒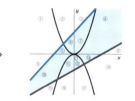

解答 (2) C

ウ $y < x^2$ 　　　エ $y < -x^2$ 　　　ウとエの共通の領域

 ＋ 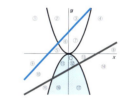 ⇒

解答 (3) F

(1)と(2)の共通の領域を考えるとよいので、右の図のような領域になる。したがって、4つの条件をすべて満たす領域は⑪、⑫になる。

① $y > \bigcirc\bigcirc$ ⇒ $y = \bigcirc\bigcirc$ の直線（曲線）より上の範囲を表す。
② $y < \bigcirc\bigcirc$ ⇒ $y = \bigcirc\bigcirc$ の直線（曲線）より下の範囲を表す。
＊≧、≦のときは、$y = \bigcirc\bigcirc$の直線（曲線）も含む。

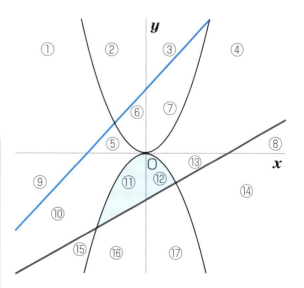

19 グラフの領域② ▶ 条件に合う直線の判別と領域を求める

STEP グラフの領域

次のグラフに表されている、①から⑤の5つの直線の範囲に当てはまるものをA～Eから選びなさい。

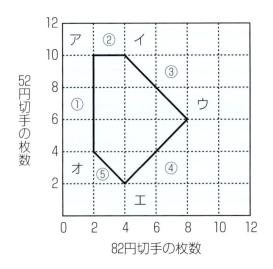

A　合わせて6枚買った
B　2種類の切手の枚数の差は2である
C　52円切手は10枚買う
D　2種類の切手の合計枚数は14枚
E　82円切手は2枚以上買う

①	E
②	C
③	D
④	B
⑤	A

ここがPOINT！I

直線上に座標をとり、縦の座標と横の座標の関係を導き出す

考え方

STEP 　解答　① E　② C　③ D　④ B　⑤ A

直線①は横軸の2を通る縦の直線である。つまり、82円切手が2枚という条件がこの直線の範囲と推測できるので、**直線①はE**となる。

直線②は縦軸の10を通る直線。条件文の中に52円切手の条件に10があるものを選ぶ。よって、**直線②はC**になる。

残りの3つの直線は共に斜線。いくつかの条件が合わさった複合的な条件の結果出てくる形であるから、82円と52円の切手の枚数の組み合わせを考えて判断する。

イとウの間の直線③を考えると、イの座標は（4、10）、ウの座標は（8、6）。ここで（4、10）と（8、6）のそれぞれの座標の共通点を探す。このグラフは2種類の切手を買うときの枚数について表されているので、座標は枚数の合計であるから、各座標の共通点はだいたい（＋）や（－）でわかると考えられる。

（＋）の場合、 $4＋10＝14$ 、 $8＋6＝14$ と、同じになる。

（－）の場合、 $4－10＝－6$ 、 $8－6＝2$ と、異なる答えになる。……（×）

（×）の場合、 $4×10＝40$ 、 $8×6＝48$ 　　　……（×）

（÷）の場合、 $4÷10＝0.4$ 、 $8÷6＝\dfrac{4}{3}$ 　　　……（×）

よって、合計14が推測される。**斜線③の条件はD**になる。

同様に、斜線④を考える。ウの座標は（8、6）、エの座標は（4、2）。

それぞれの座標の数字の共通性を考えると、 $8－6＝2$ 、 $4－2＝2$ と差が2。よって、この**斜線④の条件はB**になる。

最後に直線⑤について考える。座標はエが（4、2）、オが（2、4）である。これも差を求めると $4－2＝2$ 、 $2－4＝－2$ となる。ともに2ではあるが、符号が異なるのでこれは同じといえない。切手の枚数が負の数になることは無いので、非合理的な数値が出てくるものは違っていると考えられる。また $2－4$ を $4－2$ と順番を逆に計算するのも×。常に同じ方向に視点が向いていないとやってはいけない。 $4＋2＝6$ 　 $2＋4＝6$ と、和が6。

このことから、**直線⑤は条件A**が正解になる。

19

グラフの領域②

117

練習問題1 19 グラフの領域②

□に答えなさい。

よく出る

ある模擬店で出した、コーヒーと紅茶の売れ行きを調べた。
コーヒーが160円、紅茶は200円である。
次のような条件があるとき、下のようなグラフで表される。

① コーヒーは10杯以上売れた
② 紅茶とコーヒーは合わせて30杯以上売れた
③ コーヒーと紅茶の合計売上は90杯以下だった
④ コーヒーと紅茶の売れた数の差は30杯以下だった
⑤ 紅茶の売れた数は10杯以上だった

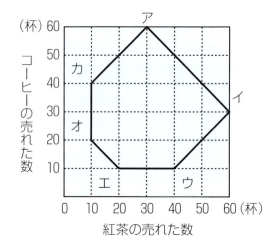

(1) 飲み物の組み合わせで最も安いのはア、イ、ウ、エ、オ、カのどの点か。

A ア　B イ　C ウ　D エ　E オ　F カ

(2) 全部で70杯の売上が見込まれるとき、領域内の組み合わせで最も売上高が高くなるのはどの領域の場合か。

A アイ間　B イウ間　C ウエ間　D エオ間
E オカ間　F カア間

ここがPOINT! Ⅱ
条件に合う直線を加え、座標と領域との関係を求める

解答と解説

解答 (1) E

一番安い組み合わせを選ぶので、原点(0、0)に近いものだけを考えればよい。
よって、エかオの2つで考える。

エ (20、10)より、20×200＋10×160＝4000＋1600＝5600 (円)
オ (10、20)より、10×200＋20×160＝2000＋3200＝5200 (円)
よって、オが正解である。
その他の点の売上高は次のとおりである。
ア (30、60)、30×200＋60×160＝6000＋9600＝15600 (円)
イ (60、30)、60×200＋30×160＝12000＋4800＝16800 (円)
ウ (40、10)、40×200＋10×160＝8000＋1600＝9600 (円)
カ (10、40)、10×200＋40×160＝2000＋6400＝8400 (円)

解答 (2) B

コーヒーと紅茶の合計が70杯になる直線ℓをグラフ上に引くと図のようになる。

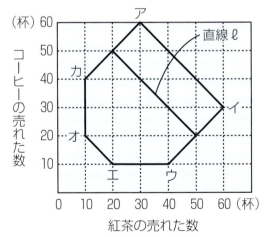

最も売上が高くなるのは、直線イウ間とアカ間と直線ℓとの交点の座標である。
この両者の売上高の高い方が答えとなる。
イウ上の座標：(50、20)より、50×200＋20×160＝10000＋3200＝13200 (円)
アカ上の座標：(20、50)より、20×200＋50×160＝4000＋8000＝12000 (円)
よって、直線イウ上にある座標の数の場合が最も売り上げが高い。

練習問題2 19 グラフの領域②

よく出る

次のグラフはある生花市場で売りに出されたバラとユリの売れ行きの関係を表したものである。バラは一本280円、ユリは一本300円で売るとする。

それぞれの花の数には以下のような条件がある。
① どちらの花も売れる数は10本単位
② バラは10本以上売れた
③ バラとユリの合計売上本数は60本以下
④ バラとユリの合計売上本数は30本以上
⑤ ユリの売れた数は10本以上

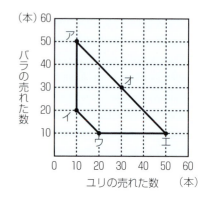

(1) 買った花の組み合わせで最も安いのはア、イ、ウ、エ、オのどの点か。

A ア　B イ　C ウ　D エ　E オ

(2) 全部で50本の売り上げが見込まれるとき、この領域内にできるバラとユリの組み合わせは何通りあるか。

A 1通り　B 2通り　C 3通り　D 4通り　E 5通り
F 6通り　G 7通り　H 該当なし

(3) (2)の領域内の組み合わせで最も売上高が高くなるのはどの座標の場合か。

A (10、40)　B (20、30)　C (30、40)
D (40、30)　E (30、20)　F (40、10)

ここがPOINT! Ⅲ

座標は合計金額が小さいとき、原点に近くなり、大きいときは領域の最も外側になる

解答と解説

解答 (1)B

一番安い組み合わせを選ぶので、本数の少ないもの、つまり原点（0、0）に近いものを考えればよい。
よって、イかウの2つで考える。

イ(10、20)より、10×300＋20×280＝3000＋5600＝8600（円）
ウ(20、10)より、20×300＋10×280＝6000＋2800＝8800（円）
よって、イが正解である。

解答 (2)D

50本になる組み合わせは、
（0、50）、（10、40）、（20、30）、（30、20）、（40、10）、（50、0）の6種類ある。
この中で領域内にあるものは、（10、40）、（20、30）、（30、20）、（40、10）の4通りである。

解答 (3)F

(2)の領域で、バラ＋ユリ＝50(本)に該当するのは、(2)の4つの座標であるが、1本の値段の高いユリの本数が多いものが最も値段が高くなる。ユリの本数が最も多い座標は（40、10）である。
座標（40、10）：40×300＋10×280＝12000＋2800＝14800（円）

その他の(2)の領域内の点の売上高は次のとおりである。
座標（10、40）：10×300＋40×280＝3000＋11200＝14200（円）
座標（20、30）：20×300＋30×280＝6000＋8400＝14400（円）
座標（30、20）：30×300＋20×280＝9000＋5600＝14600（円）

20 論 証 ① ▶対 偶

与えられた事柄を論理的に捉えて答えを求める問題

STEP 対偶をとるということ

「イルカは物覚えがよい」が真であるとき、常に正しいといえるのはどれか。
　ア　イルカが動物の中で一番物覚えがよい
　イ　物覚えがよい動物はすべてイルカである
　ウ　イルカでない動物は物覚えが悪い
　エ　イルカすべてが物覚えがよいとは限らない
　オ　物覚えが悪い動物はイルカではない

「イルカは物覚えがよい」という命題が真のとき、
「逆、裏、対偶」を考えてみる。

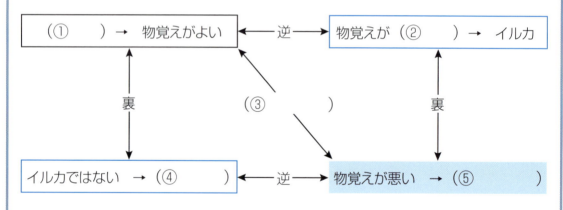

対偶の関係は次のような表現である。
「AならばBである」が常に真であるとき、
「（⑥　　　）でなければ（⑦　　　）ではない」。
　　　　　　　　　したがって、⑧　　　　が正しい。

まとめ

「AならばBである」が真のとき
「BでなければAではない」だけが、例外なく正しい文となる。

ここがPOINT！I

● **対偶とは**
「**A ならば B である**」→「**B でないなら A ではない**」
という関係のこと。これにあてはまる表現だけが正解になる

考え方

STEP　解答　① **イルカ**　② **よい**　③ **対偶**　④ **物覚えが悪い**
　　　　⑤ **イルカではない**　⑥ **B**　⑦ **A**　⑧ **オ**

20

論

証

①

ア　「動物の中で一番」は拡大解釈されているので論外。

イ　このように、A→BがB→Aに変わっている表現を「**逆**」という。

ウ　このように、A→Bが$\overline{A}$→$\overline{B}$に変わっている表現を「**裏**」という。

エ　一般的な解釈のようだが、論理的には何も根拠がない表現である。

オ　A→Bが$\overline{B}$→$\overline{A}$のように変化している表現を「**対偶**」という。

「AならばBである」が常に真の場合、「BでなければAではない」という表現
だけが常に正しい。これが対偶の捉え方である。

だから、この問題の場合は、オだけが正解になる。

＊このような問題は就職試験（SPI）ではよく出されるが、例が少なく、意味がつ
　かめないまま試験を受け続ける人が多い。
　ここで理解をしていただきたいのが、「書かれた事柄と実際の事柄には必ずし
　も関連はない。」つまり、常識にとらわれないことが大切であるということ。
　書かれた文章は単に論理的な言葉として考えること。
　その正しさを判断する唯一の方法は**「対偶」をとる**ことである。
　論証はまず、この対偶を思い起こすこと！

他に、論証を解くときの考え方として**三段論法**がある。

これは「A→B」「B→C」ならば「A→C」であるという考え方のこと。

　　　　「リンゴは赤い」「赤いものは甘い」ならば、「リンゴは甘い」である。

注意点として、**論理の流れは一方向**である。

上の例で考えると、「リンゴは甘い」であるが、「甘いのはリンゴ」とはならない。

あくまで、「リンゴ→赤い→甘い」の流れを変えないことである。

123

練習問題 20 論 証 ①

に答えなさい。

重要!

❶ 「イタリア人は、芸術センスがある」が真であるとき、常に正しいといえるものはどれか。

　　ア　イタリア人でない人は、芸術センスがない
　　イ　芸術センスがある人は、フランス人ではない
　　ウ　芸術センスがない人は、外人ではない
　　エ　芸術センスがある人は、イタリア人だ
　　オ　芸術センスがない人は、イタリア人ではない

　　A　アだけ　　　B　イだけ　　　C　ウだけ　　　D　エだけ
　　E　オだけ　　　F　2つある　　G　3つある　　H　該当なし

❷ 次のように2つの命題がある。
・読書が好きな人は成績がよい
・明るくない人は成績がよくない
この2つから判断して確実にいえるものはどれか。

　　ア　明るい人は成績がよい
　　イ　成績のよい人は読書好きである
　　ウ　読書好きな人は明るい
　　エ　成績がよい人には明るい人もいる
　　オ　読書が好きな人は明るくない

　　A　アだけ　　　B　イだけ　　　C　ウだけ　　　D　エだけ
　　E　オだけ　　　F　2つある　　G　3つある　　H　該当なし

ここがPOINT! Ⅱ

対偶：「AならばBである」の場合、「BでなければAではない」という関係のことである

解答と解説

1 解答　E

対偶をとらえて考えると、唯一正解は「Aならば、Bである」→「Bでなければ、Aではない」という関係である。「イタリア人は、芸術センスがある」が真であるとき、「芸術センスがない人は、イタリア人ではない」が対偶になる。
ア　「裏」の関係である。
イ　「フランス人」という言葉はどこにも出てこないので、該当しない。
ウ　「外人」という言葉はどこにも出てこないので、該当しない。
エ　「逆」の関係である。
オ　「対偶」の関係である。
　　したがって、上の条件文では、オだけが該当する。

2 解答　C

命題が2つある問題である。この場合、すぐに対偶を考えてもいいが、このように2つの命題がある場合は、どちらか一方の対偶を考えるとよい。
命題1：読書が好きな人は成績がよい
命題2：明るくない人は成績がよくない
この2つで対偶を取るのにふさわしい文はどれかを考えた場合、命題2を変えるほうがつながりを考えやすくなる。「〜ない」を否定すると「〜ある」に変わり、関係が素直にとらえやすくなる。

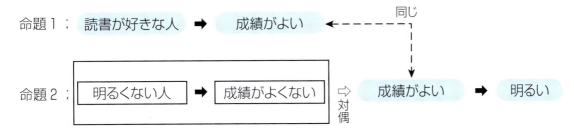

ア　明るい人は成績がよい　　　　　　　→「裏」の関係
イ　成績のよい人は読書好きである　　　→「逆」の関係　　「逆」は常に真とは限らない。
ウ　読書好きな人は明るい　　　　　　　→　正しい
エ　成績がよい人には明るい人もいる　　→　全てが受け入れられる表現でない
オ　読書が好きな人は明るくない　　　　→「明るい」でなければ使えない

21 論証 ② ▶ 三段論法

与えられた事柄を論理的に捉えて答えを導き出す問題

STEP 1　三段論法①

「A：大きなウシはよく食べる」
「B：よく食べるウシはいい牛乳が出る」
という条件がある場合、どんな結論が導き出せるか。

Aの文から要素の関係を導き出す；（①　　　）　⟶　よく食べる
Bの文から要素の関係を表す；よく食べるウシ　⟶　（②　　　）

したがって、① ⟶ ②

STEP 2　三段論法②

A「アボカドは果物である」
B「トマトは野菜である」
C「野菜でなければ果物でない」

この文章から導き出せるものを選び、記号で答えよ。

ア　アボカドは野菜である
イ　トマトは果物である
ウ　果物ならトマトである
エ　アボカドとトマトは果物である

「野菜でなければ果物でない」 ──対偶──▶ 「（①　　　）ならば（②　　　）である」

ここがPOINT！ I

三段論法；「A→B、B→C」ならば「A→C」

考え方

STEP 1　解答　① 大きなウシ　② いい牛乳が出る

A、Bから考えると、

> 大きなウシ ──→ よく食べる、よく食べるウシ ──→ いい牛乳が出る
> よって、「大きなウシ ──→ いい牛乳が出る」という関係になる。

ここで **それぞれの言葉を記号で表す**と、次のようになる。

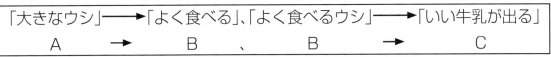

したがって、

> 「大きなウシ ──→ いい牛乳が出る」
> 　A　　　　　→　　　C

STEP 2　解答　ア

条件C 「野菜でなければ果物でない」

この文章のように、「〜でなければ、……でない」というような書き方の場合は、必ず**対偶**をとるようにする。

対偶をとると「果物ならば野菜である」になる。
ここから、ア〜エの文の妥当性を確かめる。
これは、論理的な問題である。この場合、**常識と混同してはならない**。本来は、アボカドは果物で野菜のはずはないのだが、論理をつなぐことでアボカドが野菜であるという論理を導くことができる。

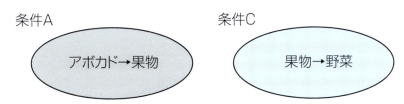

C；「野菜でなければ果物でない」の対偶は「果物ならば野菜である」
したがって、「アボカドは果物である」「果物であれば野菜である」ということが成り立ち、「アボカドは野菜である」という論理が成り立つ。このように、現実ではあり得ないことも論理としては成立することを知っておこう。

空欄の答え　①果物　②野菜

練習問題 21 論 証 ②

　　　　　　　　　　　　　　　　　　　　　　　　　に答えなさい。

1 「ネコを飼っている人はストレスがたまりにくい」「肩がこりやすい人はストレスがたまりやすい」これが事実だとすると、次の文章で正しいものはどれか。

選択肢；
ア　ストレスがたまりやすい人はネコを飼っていない
イ　ネコを飼っている人は肩がこりにくい
ウ　ストレスがたまりやすい人は肩がこりやすい
エ　ネコを飼っていない人はストレスがたまりやすい

　A　アだけ　　B　イだけ　　C　ウだけ　　D　エだけ
　E　アとイ　　F　アとウ　　G　イとウ　　H　該当なし

よく出る

2 「電車の中で雑誌を読んでいるサラリーマンはメガネをかけている」「電車の中で雑誌を読んでいないサラリーマンは寝ている」これから導かれる結論として正しいものを選べ。

選択肢；
ア　電車の中で雑誌を読んでいないサラリーマンはメガネをかけていない
イ　電車の中でメガネをかけているサラリーマンは雑誌を読んでいる
ウ　電車の中で寝ていないサラリーマンはメガネをかけている
エ　上記の３つはどれも正しくない

　A　アだけ　　B　イだけ　　C　ウだけ　　D　エだけ
　E　アとイ　　F　アとウ　　G　イとウ　　H　該当なし

ここがPOINT! Ⅱ
条件で示される否定文は対偶をとって肯定文にする

解答と解説

1 解答　E

これは三段論法の問題である。まず、2つの文章の対偶を考える。
「ストレスがたまりやすい人はネコを飼っていない」
「ストレスがたまりにくい人は肩がこりにくい」
ここで対偶は常に真であるから、アは正しい。
次にA→B、B→CならばA→Cという三段論法の基本を使う。
「ネコを飼っている人」がA、「ストレスがたまりにくい」がB、「肩がこりにくい」がCとなり、A→Cの関係を見ると、
「ネコを飼っている人は肩がこりにくい」となる。
したがって選択肢イが導かれる。
ウは逆、エは裏であるから、必ずしも正しいとは限らない。
正しいのはアとイである。

2 解答　C

アは、雑誌を読んでいない人について、メガネに関する記述はない。
したがって、正しくない。
イは、雑誌を読んでいるサラリーマンはメガネをかけているが、メガネをかけているからといって雑誌を読んでいるとは限らない。よって、正しくない。
ウは、後半の文章を対偶にして前半の文章につなぐ。
そうすると、「寝ていないサラリーマンは電車の中で雑誌を読んでいる」「電車の中で雑誌を読んでいるサラリーマンはメガネをかけている」という論理を導くことができる。したがって、正しい。

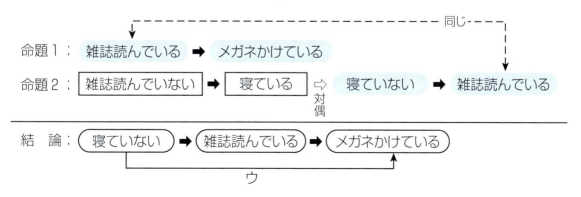

立体をある条件で切り、その形や大きさを求める単元

22 立体の展開図・断面 ▶ 立方体を切った平面の形

STEP 1　立体の1辺と中点を結ぶ場合の図形の形

次の立方体で、辺イカとウキの中点をそれぞれケ・コとして、点ア・エ・ケ・コを通る平面で切ったときの切り口の形を答えよ。

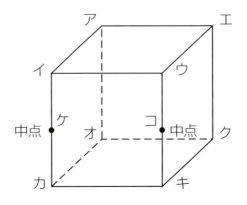

面アイウエの形は（①　　　　）である。

面アケコエの形は　②　　　　　である。

STEP 2　展開図に切り口を書く

下の図は、STEP1の立方体の展開図である。STEP1の切り口を図に書け。

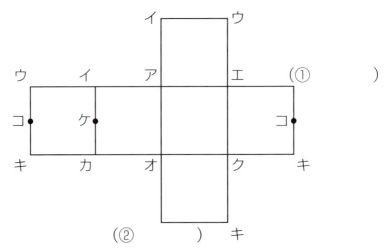

ここがPOINT！I

展開図を書くときは対応する点の位置を正確に写す

考え方

STEP 1　解答　① 正方形　② 長方形

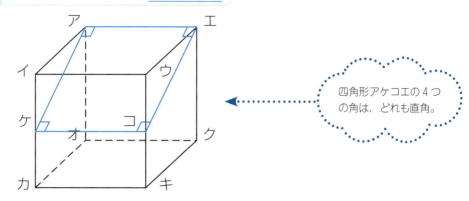

四角形アケコエの4つの角は、どれも直角。

上の図の青色の線が切り口になる直線である。
辺が4つあるので四角形ということはわかる。
四角形には、正方形・長方形・ひし形・台形など、いくつかあるが、
辺アケ＞辺アエであり、4つの角がすべて直角なので、四角形アケコエは長方形となる。

STEP 2　解答　① ウ　② カ

展開図においては、対応する頂点を正しく書き込むことが大切。

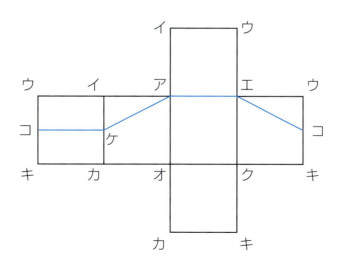

四角形アケコエの切り口は、上の図の青色の線になる。

練習問題 22 立体の展開図・断面

□に答えなさい。

❶ 次の立方体ABCD−EFGHは各辺がそれぞれ10cmである。点P・QはABおよびADの中点である。点P・Q・F・Hを通る平面で切った場合、断面の形は何か。

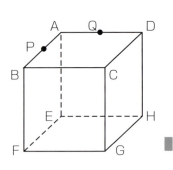

A 直角三角形　B 二等辺三角形　C 正方形　D 長方形
E ひし形　F 台形　G 該当なし

❷ ❶で求めた切り口を下の展開図に表す場合、切り口はどうなるか。適当でないものの番号を選びなさい。

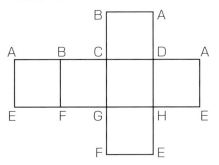

 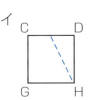 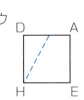 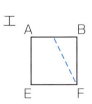

A アだけ　B イだけ　C ウだけ　D アとイ
E アとウ　F イとウ　G ウとエ　H 該当なし

❸ ❶で点Aが入るほうの立体の体積はいくらか。

A $\frac{761}{3}$ cm³　B $\frac{763}{3}$ cm³　C $\frac{768}{3}$ cm³　D $\frac{772}{3}$ cm³
E $\frac{782}{3}$ cm³　F $\frac{875}{3}$ cm³　G $\frac{886}{3}$ cm³　H 該当なし

132

ここがPOINT！Ⅱ

見取り図や面の形などはなるべく正確に書く

解答と解説

1 解答　F

4つの点を結ぶと、四角形になることがわかる。
ではどんな四角形だろう。PQとBDは平行、BDとFHは平行なので、PQとFHの2辺も平行である。仮定の条件より、AP＝AQなので、辺PF、辺QHは同じ長さになるが、平行ではない。よって、一組の向かい合う辺が平行かつPF＝QHなので、この四角形は等脚台形になる。

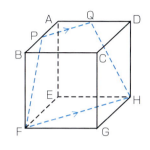

2 解答　D

切り口になる場所の記号を正確にとらえると、切り口は
①ABの中点PとADの中点Q　②AB間の中点Pと点F、
③点Fと点H、④点HとADの中点Q　のそれぞれを直線で結んだ図になる。
これらに当てはまらないのは、アとイである。

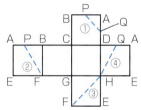

3 解答　F

図のようにFPとHQとAEを延長した直線が交わる点をJとして、三角すいJ－EFHの体積を求め、その後で延長部分（J－APQ）の体積を差し引けばよい。
EF＝EH＝10cm　なので、△EFH＝10×10÷2＝50（cm²）
高さをJEとすると、JE＝10×2＝20（cm）

J－EFHの体積は、$50 \times 20 \times \frac{1}{3} = \frac{1000}{3}$（cm³）

ここから、J－APQの体積を引けば求める体積になる。

△APQの面積は、$5 \times 5 \div 2 = \frac{25}{2}$（cm²）、高さJA＝10cm

J－APQの体積は、$\frac{25}{2} \times 10 \times \frac{1}{3} = \frac{25 \times 10}{2 \times 3} = \frac{250}{6} = \frac{125}{3}$（cm³）

（J－EFHの体積）－（J－APQの体積）＝$\frac{1000}{3} - \frac{125}{3} = \frac{875}{3}$（cm³）

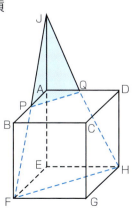

SPI性格適性検査とは

● 性格特性をさまざまな側面から測定する検査

　SPI性格適性検査は、行動的側面、意欲的側面、情緒的側面などの側面から測定し、受検者の性格特性を数値化して把握するための検査である。性格的側面を測定する設問と、"自分をよくみせようとする傾向"を測定する「ライ・スケール」の設問とで構成されている。SPI3からは「社会関係的側面」、「組織適応性」の2領域が追加された。**合わせて約300問の設問に40分程度で答えなければいけない。**

● 対策の基本は「素直に回答する」ことだが

　適性検査対策の基本は「素直に回答する」ことである。リラックスして率直に答えよう。しかし一方、社会人として欠かせない基本的な資質にかかわる尺度には注意が必要である。マイナス評価を受けないように、十分研究しておきたい。

　また、無回答が多くなることもマイナス。全問回答をめざしたいが、ごく短時間で多数の問題に答えなければならない。**無答率15%以上は減点対象**となるので、なるべく多く答えるようにしたい。

● SPI性格適性検査の尺度の種類の例

・**行動的側面**…日常の行動の特徴に関する側面。社交的で行動力のあるタイプか思索的で粘り強いタイプかなどをみる。

　　【尺度】（1）社会的内向性、（2）内省性、（3）身体活動性、（4）持続性、（5）慎重性

　　　　　このうち、（1）・（4）は要注意な尺度。積極性・外向性・粘り強さに欠けるという判定は、職種を問わずマイナス評価となる。

・**意欲的側面**…目標の高さ・活動エネルギーの大きさといった意欲に関する側面。難問や競争的な場面でのパワーを表す。

　　【尺度】（1）達成意欲、（2）活動意欲

　　　　　このうち、(1)は要注意な尺度。目標達成への意欲が低いという判定は、職種を問わずマイナス評価となる。

・**情緒的側面**…内面的な気持ちの動きの特徴に関する側面。精神的な安定性や組織への適応性をみる。

　　【尺度】（1）敏感性、（2）自責性、（3）気分性、
　　　　　（4）独自性、（5）自信性、（6）高揚性

※ライ・スケール…自分をよくみせようとして、意識的・無意識的に"うそ"をつく傾向の強さをみる。これも要注意な設問である。

第 **2** 章

SPI
言語分野
（国語系）

●

国語的な能力を調べるためのテストです。
企業の日常的な業務においても必要な
言葉や文章についての知識や理解力、判断力など、
言語能力を測定します。

同じ意味、異なる意味を持つ語を文字の表記や意味から選ぶ

23 同意語・反意語 ▶ 似た意味の語句どうし 反対の意味の語句どうし

STEP 1 同意語について

次の漢字の同意語をア〜トの中から選びなさい。

1．安全		2．残念		3．異存		4．詳細	
5．移転		6．意図		7．改革		8．介入	
9．活発		10．便利		11．肝心		12．不意	
13．気質		14．機転		15．気品		16．休憩	
17．傾向		18．権威		19．献身		20．自信	

ア	性質	イ	尽力（じんりょく）	ウ	快活
エ	風潮	オ	無事	カ	品格
キ	転居	ク	機知	ケ	突然
コ	異議	サ	重宝	シ	肝要
ス	関与	セ	休息	ソ	計画
タ	自負	チ	委細	ツ	大家（たいか）
テ	遺憾（いかん）	ト	変革		

> 同意語の場合、「**一字が共通のもの**」—（習慣：風習 など）も多いので、すばやく見つけよう。

STEP 2 反意語について

次の単語の反意語を書きなさい。

1．哀 ↔		2．乾 ↔		3．陰 ↔		4．開 ↔	
5．伸 ↔		6．浅 ↔		7．真 ↔		8．送 ↔	
9．貸 ↔		10．美 ↔		11．優 ↔		12．盛 ↔	
13．好況 ↔		14．熟練 ↔		15．当番 ↔			
16．便利 ↔		17．一般 ↔		18．解散 ↔			
19．演繹（えんえき） ↔		20．愛好 ↔		21．好調 ↔			
22．完備 ↔		23．理想 ↔		24．反抗 ↔			

ここがPOINT！Ⅰ

意味が紛らわしく迷うような語句は最後に回す

考え方

STEP 1	解答	1 オ	2 テ	3 コ	4 チ	5 キ	6 ソ
		7 ト	8 ス	9 ウ	10 サ	11 シ	12 ケ
		13 ア	14 ク	15 カ	16 セ	17 エ	18 ツ
		19 イ	20 タ				

同意語は「同じような意味を持つ語」ということ。よく耳にするけれど、意外に意味をしっかりと理解していなかったというような言葉が出ることが多いので、意味まで正確につかんでおこう（例：概念、破綻、遺憾……）。漢字を使った語句では、それぞれの漢字に意味があるのでそこを頼りに推測していくと、ほぼ間違いなく正解できる（例：永遠－永久）。

23

同意語・反意語

STEP 2	解答	1 歓(喜)	2 湿	3 陽	4 閉	5 縮	6 深
		7 偽	8 迎	9 借	10 醜	11 劣	12 衰
		13 不況	14 未熟	15 非番	16 不便	17 特殊	
		18 集合	19 帰納	20 嫌悪(憎悪)	21 不調		
		22 不備	23 現実	24 服従			

反意語は反対語、対義語、対になる語という表現を使う場合もある。いずれにしても「反対の意味になる語」を選ぶ。同意語と同じように、漢字の語源や意味から考えることができる。

A　熟語の1語の漢字の意味が対義なもの：意味が明らかな語がある場合は、その語を頼りに選べばよい（悪意↔善意）。

B　打消しの文字を使った対義語：熟語の一部が打消しをすることで反意語を形成する（決定↔未定）。

C　二字とも対義：熟語を構成する漢字が共に反意語の関係になっている（前進↔後退）。

D　全体として対義のもの：全体の意味が反意語の関係になる（安全↔危険）。

137

練習問題 23 同意語・反意語

□と( )に答えなさい。

次の語句の同意語か反意語を選び □ に記号を書き、( )に同意語か反意語かを答えなさい。

(1) 発 展 —□ ( )

   A 順 調　B 進 展　C 進 化　D 計 画　E 延 期

(2) 習 慣 —□ ( )

   A 規 則　B 風 体　C 風 習　D 時 流　E 流 行

(3) 建 設 —□ ( )

   A 廃 棄　B 後 退　C 破 壊　D 縮 小　E 模 倣

(4) 書 物 —□ ( )

   A 電 波　B 読 書　C 暗 記　D 図 書　E 映 像

(5) 暴 露 —□ ( )

   A 忘 却　B 隠蔽_{いんぺい}　C 申 請　D 風 評　E 消 去

(6) 莫_{ばく}大_{だい} —□ ( )

   A 拡 大　B 巨 大　C 細 密　D 増 大　E 漠 然

(7) 実 践 —□ ( )

   A 理 論　B 講 義　C 思 考　D 結 果　E 利 益

(8) 火 急 —□ ( )

   A 異 常　B 突 風　C 気 概　D 瞬 時　E 緊 急

ここがPOINT！Ⅱ

新聞や本を読むなど漢字に接する機会を増やし、
語彙量を増やそう。関連語句を書いて覚えよう

解答と解説

解答 (1)B　同意語

発展：のびのび広がること、栄えること。＝進展：物事が進み発展すること。
進化：ものの形が長年の間に変化すること。延期：期間をのばすこと。

解答 (2)C　同意語

習慣：日常の決まりきった行い。ならわし。＝風習：ならわし、慣習。
風体：身なり。時流：時代の風潮。

解答 (3)C　反意語

建設：新たに作り上げること。←→破壊：何かを壊すこと。
廃棄：不要として捨て去ること。縮小：規模を小さくすること。

解答 (4)D　同意語

書物：書籍、本。＝図書：本のこと。　読書：本を読むこと。

解答 (5)B　反意語

暴露：さらけ出すこと、ばれること。←→隠蔽：目につかないように覆うこと。
忘却：すっかり忘れること。

解答 (6)B　同意語

莫大：極めて大きいこと。＝巨大：極めて大きいこと。
増大：増えて大きくなること。漠然：ぼんやりしてはっきりしないこと。

解答 (7)A　反意語

実践：行動にうつすこと、実行すること。←→理論：（実践を無視した）純粋な
知識。講義：学問・研究の一端を講ずること。利益：得、ためになること。

解答 (8)E　同意語

火急：燃え広がる火のように急なこと。＝緊急：重大で急ぐ必要のあること。
異常：どこかが正常でない様子。突風：急に吹いてくる風。
気概：屈しない強い意志。瞬時：またたく間。

23

練習問題　同意語・反意語

24 2語の関係 ▶ 2つの単語どうしの関係

例題の関係をすばやく見抜いてふさわしい関係の語句を選ぶ

STEP 1　用途・行為・包含・単位など

次の例と同様の関係になるものを選びなさい。

例：俳　優　―　演　技

店　員―
　A　社　員
　B　即　売
　C　給　料
　D　販　売
　E　店　頭

→ 語句について単に読み書き、筆順というような知識だけを問うのではなく、**熟語の成り立ち**や**意味**、**用途**という視点でとらえていく。

STEP 2　語句の意味、関係を見抜く1

次の例と同様の関係になるものを選びなさい。

例：俳　優　―　ギャラ

店　員―
　A　社　員
　B　即　売
　C　給　料
　D　販　売
　E　店　頭

SPIの言語分野の問題の中で最もSPIらしい出題の仕方、言い換えると、他の試験や検査ではほとんど出ない出題形式といえる。

STEP 3　語句の意味、関係を見抜く2

次の例と同様の関係になるものを選びなさい。

例：俳　優　―　舞　台

店　員―
　A　社　員
　B　即　売
　C　給　料
　D　販　売
　E　店　頭

ここがPOINT！Ⅰ

語彙力のほかに、例題を見て、瞬時に2語の関係（用途・行為・包含・種類など）を判断する理解力、判断力が求められる

考え方

STEP 1 　解答　D

「俳優」と「演技」の関係は、「仕事をする人」（職種）と「仕事の種類」（作業内容）の関係である。これと同じ関係になるように選ぶ。「店員」の作業内容を選択肢から選ぶ場合、どれが一番ふさわしいか、という視点で選ぶ。

A「社員」は立場なので明らかに違う。B「即売」は売り方なのでこれも違う。

C「給料」は報酬の方法なので違う。D「販売」は作業内容である。

E「店頭」は、店先、つまり「仕事場」を表す言葉だから当てはまらない。

よって、この場合はDがふさわしい。

STEP 2 　解答　C

2つの語句の関係がSTEP1と変わっている。

「俳優」—「ギャラ」は、「職種」と「報酬の方法」という関係となる。

だから、この場合の解答はCになる。

➡STEP1、2のように、左が同じ語句であっても右の語句によって関係が変わってくる。それをいかに早く見抜くかが鍵となる。

STEP 3 　解答　E

「俳優」—「舞台」という関係は、「職種」と「職場」の関係である。

その人がどこで仕事をするかという仕事場を表す。

この場合は、職場に当たる語句を選べばいいのでEが正解。

24

2語の関係

練習問題1 24 2語の関係

に答えなさい。

次の例と同様の関係になるものを選びなさい。

(1) 例：徒然草―随筆

小倉百人一首―
- A 歴史物語
- B 説話集
- C 軍記物語
- D 日記
- E 歌集

(2) 例：教員免許―教諭

ＭＢＡ―
- A 社内研修
- B 経営者養成
- C 経営管理者
- D 国際弁護士
- E 公認会計士

(3) 例：インド―アジア

宅配便―
- A 運搬
- B 荷物
- C 速達
- D 輸送
- E トラック

(4) 例：文学―芸術

マーケティング―
- A 経営学
- B 企業買収
- C 市場調査
- D 宣伝
- E 販売

(5) 例：イチゴ―フルーツ

三角形―
- A 長方形
- B 四角形
- C 数学
- D 面積
- E 多角形

(6) 例：陸上競技―トラック

ボクシング―
- A ヘビー級
- B グローブ
- C リング
- D 武道館
- E レフェリー

ここがPOINT！Ⅱ

関係がなさそうな語句はすばやく消してしまう

解答と解説

解答　(1)E

「**文学作品**」とその「**ジャンル**」の関係である。
「小倉百人一首」は百人の歌人の和歌から一首ずつとった歌集。

解答　(2)C

「**免許・資格**」とそれを「**有する者**」の関係。

解答　(3)D

「インド」は「アジア」の**一部**という関係なので、「宅配便」は何の一部かと考えると、「輸送」という仕事の一部になる。「運搬」は、ものを運び移すことなので、この場合は「用途」の関係であれば当てはまる。

解答　(4)A

「文学」は「芸術」の**一分野**である。「マーケティング」は市場活動全般のことで、「経営学」という学問の中に「マーケティング」という分野がある。「市場調査」は「マーケティングリサーチ」である。

解答　(5)E

「イチゴ」は「フルーツ」という種類の**一部**である。
「三角形」は確かに「数学」に含まれるが、これは「イチゴ」と食べ物の関係にあたるだろう。答えは「多角形」である。

解答　(6)C

「**競技**」とそれが行われる「**場所・試合場**」の関係である。
「ボクシング」の競技場所は「リング」である。

練習問題2 **24** **2語の関係**

に答えなさい。

次の例と同様の関係になるものを選びなさい。

(1) **例：愚息―息子**

拙宅―
- **A** 自宅 **B** 借家 **C** 仮住まい **D** 小屋
- **E** 別宅

(2) **例：こらえる―我慢**

しくじる―
- **A** 成功 **B** 敗北 **C** 失敗 **D** 計画
- **E** 反目

(3) **例：うなぎ―寝床**

カラス―
- **A** 大群 **B** 行水 **C** 墓場 **D** 黒装束
- **E** 不吉

(4) **例：にわとり―ひよこ**

蚊―
- **A** ヤゴ **B** ミノムシ **C** タニシ **D** ボウフラ
- **E** サナギ

(5) **例：食事―箸**

手術―
- **A** 病院 **B** 救急車 **C** メス **D** 医者
- **E** 聴診器

(6) **例：デジカメ―撮影**

ブルーレイ―
- **A** ハイビジョン **B** 記憶 **C** ＤＶＤ **D** 録音
- **E** ＩＴ

ここがPOINT！Ⅲ

できるだけ多くの問題を解いて、問題形式に慣れておく

解答と解説

解答　(1)A

「愚息─息子」は、「**謙譲語─単語**」の関係である。
「拙宅」は「自宅」の謙譲語（150、151ページ参照）である。

解答　(2)C

「こらえる─我慢」は、「**意味─熟語**」の関係。
「しくじる」は失敗することである。

解答　(3)B

「うなぎ─寝床」は、間口の狭い家を「うなぎの寝床」にたとえた**慣用句**の関係。
短時間の入浴を「カラスの行水」という。

解答　(4)D

「にわとり─ひよこ」の関係は、「**成体─幼体**」である。
蚊の幼虫は「ボウフラ」である。

解答　(5)C

「食事─箸」の関係は、「**動作─それに必要な道具**」の関係。
「手術」で使うのは「メス」である。

解答　(6)B

「デジカメ─撮影」の関係は、「**製品─用途**」の関係である。
「ブルーレイ」とは半導体レーザーを用いた記憶装置で、書き換え可能な大容量相変化光ディスクのこと。ここでは用途なので「記憶」である。

24

練習問題2　2語の関係

145

言葉の成り立ちや変化を理解し、規則にしたがって使い方を覚える

25 文 法 ▶ 品詞の分類、活用など

STEP 1 11の品詞中、必ず覚えておくものは7品詞

次の単語は、A動詞、B形容詞、C形容動詞、D名詞、E代名詞、
F助動詞、G助詞、Hその他のどれですか。

ア 歩く ☐   イ 静かだ ☐   ウ すっかり ☐

エ 朝日 ☐   オ この ☐   カ ～が ☐

キ 大きい ☐   ク ～けれど ☐   ケ らしい ☐

コ ます・です ☐   サ 明るい ☐   シ 小さな ☐

ス これ ☐   セ れる・られる ☐   ソ どちら ☐

タ 便利だ ☐   チ 五人 ☐   ツ 来る ☐

テ 難しい ☐   ト やがて ☐

STEP 2 品詞と活用を考える

次のA～Eのうち品詞の種類や活用が異なるものを選びなさい。

1. A 暖かさ   B 新車   C 決まり   D はかなさ   E 悲しみ

☐

2. A どなた   B ここ   C それ   D あっち   E こと

☐

3. A 走る   B 食べる   C 泳ぐ   D 泣く   E 着く

☐

STEP 3 品詞の違いを見極める

次の文の下線部のうち品詞が異なるものを選びなさい。

A やあ、おひさしぶり。   B ああ、いい天気ですね！

C まあ、静香さん？   D さて、つぎはこうしよう。

E ほう、旅行するの？

☐

ここがPOINT! I

7 品詞の分類、語尾とその活用で見分ける！

25
文法

考え方

STEP 1

解答　ア A　イ C　ウ H(副詞)　エ D　オ H(連体詞)
　　　カ G　キ B　ク G　ケ F　コ F
　　　サ B　シ H(連体詞)　ス E　セ F　ソ E
　　　タ C　チ D　ツ A　テ B　ト H(副詞)

A動詞：動作・存在を表し終止形が「ウ」段。B形容詞：性質・状態を表し終止形が「イ」段。C形容動詞：形容詞と同じ働きだが終止形が「ダ」。A、B、Cを用言という。D名詞：ものの名前を表す。E代名詞：名詞の代わりに事物や場所を指し示す語。D、Eを体言という。F助動詞：活用する。G助詞：活用しない。F、Gは付属語である。

STEP 2　解答　1 B　2 E　3 B

1　B「新車」は、形容詞（新しい）と名詞（車）の合成の名詞。その他はもともと動詞や形容詞だったものが名詞に変化した「転成名詞」。もともとの語は、A 暖かい、C 決まる、D はかない、E 悲しい。

2　E「こと」は、実質的な意味を持たない「形式名詞」。その他は、話す人の視点からとらえた「代名詞」。

3　B「食べる」は、下一段活用動詞。ほかは五段活用動詞。
　否定語「〜ない」をつけたときに、「走ら（ア）ない」→「ア」段の音になる＝五段活用、「食べ（エ）ない」→「エ」段の音になる＝下一段活用、「見（イ）ない」→「イ」段の音になる＝上一段活用。

STEP 3　解答　D

D「さて」は文と文などをつなぐ接続詞。その他は、独立した語の感動詞。

品詞の種類

〈自立語〉―単独で文節を構成できる
●活用するもの（用言）
　・動詞「ウ」段　・形容詞「イ」　・形容動詞「ダ」　で終わる
●活用しないもの
　・名詞（体言）・代名詞（体言）・連体詞
　・副詞　　・接続詞　　・感動詞

〈付属語〉―単独で文節を構成できない
●活用するもの
　・助動詞
●活用しないもの
　・助詞

練習問題　**25 文　法**

☐に答えなさい。

次の問いに答えなさい。

(1) 次の下線部の言葉と同じはたらきの語を選びなさい。
「彼の悩みは<u>大きくて</u>深いものがあった」
A　悲しさ　　B　三十回　　C　楽しい　　D　これ　　E　赤色

(2) 次の下線部の言葉と同じはたらきの語を選びなさい。
「これしか<u>ない</u>ように思えた」
A　泳ぐことのでき<u>ない</u>犬　　B　なくなることは<u>ない</u>
C　金額とつりあわ<u>ない</u>商品　　D　使い切れ<u>ない</u>ほどのお金をためる
E　全然つらく<u>ない</u>

(3) 次の組み合わせで正しいものを選びなさい。
A　こちら―形容詞　　B　この―代名詞　　C　こう―副詞
D　こんなだ―形容詞　　E　ここ―連体詞

(4) 次の下線部の言葉と異なるはたらきの語を選びなさい。
「窓は開けた<u>まま</u>になっていた」
A　こと　　B　もの　　C　ところ　　D　それ　　E　ため

(5) 次の下線部の言葉と同じはたらきの語を選びなさい。
「昨夜は<u>ぐっすり</u>眠った」
A　さあ　　B　もしもし　　C　さようなら　　D　とても　　E　はい

(6) 次の下線部の言葉と同じはたらきの語を選びなさい。
「あれが学校<u>だ</u>」
A　彼女は保育士<u>だ</u>　　B　海はとても静か<u>だ</u>　　C　転ん<u>だ</u>場所
D　今は平和<u>だ</u>　　E　この本はもう読ん<u>だ</u>

ここがPOINT！II

体言・用言・付属語は要チェック

解答と解説

解答 (1)C

「大きく」も「深い」も**形容詞**。「楽しい」「悲しい」のように「イ」で終わる語は形容詞。「悲しさ」は名詞。名詞は、ものの名前や名称を表す語で、**普通名詞**、**固有名詞**、**数詞**、**形式名詞**、**転成名詞**、**複合名詞**がある。
A…転成名詞　B…数詞　D…代名詞　E…複合名詞

解答 (2)B

形容詞の「存在しない」の意味を表す「ない」を選ぶ。打ち消しの使い方は補助形容詞か助動詞。助動詞は「ぬ」に置き換えられるので区別できる。
A…助動詞　C…助動詞　D…助動詞　E…補助形容詞

解答 (3)C

「ここ」「こちら」は**代名詞**。「この」は次に「本」や「人」など名詞が続くので**連体詞**。「こう」は**副詞**。「こんなだ」は言い切りの形が「ダ」で終わるので**形容動詞**。

解答 (4)D

「まま」は形式名詞。名詞の仲間であるが実質的な意味を持たない語のことを**形式名詞**という。D「それ」（**代名詞**）以外は**形式名詞**で、「する<u>こと</u>」「美しい<u>もの</u>」「見た<u>ところ</u>」「その<u>ため</u>」のように使う。

解答 (5)D

「ぐっすり」は**副詞**。
Dだけが副詞で、あとはその語が単独で意味を持つ**感動詞**である。

解答 (6)A

この「だ」は「〜である」と断定するはたらきを持つ**断定の助動詞**。
B…形容動詞の活用語尾　C…過去を表す助動詞　D…形容動詞の活用語尾
E…過去を表す助動詞

25

練習問題

文法

149

敬語はマナーや心得としてもよく使われるビジネスの基本に通ずる問題

26 敬　語 ▶ 敬意を表す方法

STEP 1　尊敬語について　　　□ に適切な語を書きなさい。

語り手が、**話題に出ている人や動作をしている人に対して、敬意を表す。**

　助動詞：「れる」「られる」
　　　　　帰られる、読まれる、泣かれる、来られる
　動　詞：食べる―召し上がる、来る―おいでになる
　　　　　読む― ① 　　　、 ② 　　　　　―お話しになる
　接頭語： ③ 　　　　家族、 ④ 　　　　社
　接尾語：西田 ⑤ 　　　
　名　詞：先生、社長、陛下

STEP 2　謙譲語について　　　□ に適切な語を書きなさい。

語り手が話題となっている人のうち、**動作を受ける人に対して敬意を表す。**

　動　詞：見る― ① 　　　、言う― ② 　　　
　「お(ご)～する」　取る― ③ 　　　、案内する― ④ 　　　
　接頭語：弊社、粗品
　名　詞：愚息、小生

STEP 3　丁寧語について　　　□ に適切な語を書きなさい。

語り手が、**聞き手に対して言葉遣いをあらためて、敬意を表す。**

　動詞の語尾：「ます」「です」「ございます」

　　　　例）美術館へ行こうと思い ① 　　　　。
　　　　　　海を見ることが好き ② 　　　　。
　接頭語：「お」「ご」

　　　　 ③ 　　　二階、 ④ 　　　魚、 ⑤ 　　　祝儀

ここがPOINT！I

敬意を表す方法は三通り

26 敬語

考え方

STEP 1　解答　① お読みになる　② 話す　③ 御　④ 貴・御　⑤ 様

立場の関係を示すと、自分の位置は通常の高さである。
相手の位置が自分より高いところにある（うやまう）という意識を表す。

〈尊敬語〉

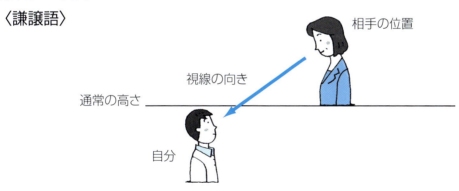

STEP 2　解答　① 拝見する　② 申し上げる(申す)　③ お取りする　④ ご案内する

相手の位置は通常の高さだが、自分を低めて相手に敬意を伝える（へりくだる）方法といえる。

〈謙譲語〉

STEP 3　解答　① ます　② です　③ お　④ お　⑤ ご

話し手と聞き手が同じ立場であるが、言葉遣いに配慮することでお互いを認める意思を表せる。

〈丁寧語〉

※ 2007年2月に文化庁・文化審議会から答申された指針により、現在は敬語を「尊敬語」「謙譲語Ⅰ」「謙譲語Ⅱ（丁重語）」「丁寧語」「美化語」の5分類としています。

練習問題 26 敬　語

に答えなさい。

次の問いに答えなさい。

(1)「する―なさる」の敬語関係は何ですか？
　　A　尊敬語　　B　謙譲語　　C　丁寧語　　D　いずれでもない

(2)「飲む―いただく」の敬語関係は何ですか？
　　A　尊敬語　　B　謙譲語　　C　丁寧語　　D　いずれでもない

(3)　次の文で敬語の使い方が適当でないものはどれか。
　　A　ご注文は当方で申し受けます。
　　B　先生から子どもにご注意申してください。
　　C　私は鈴木と申します。どうぞよろしく。
　　D　母がよろしくと申しております。

(4)　次の言葉の敬語関係で謙譲語の組み合わせを選びなさい。
　　A　食べる―召し上がる　　　B　言う―おっしゃる
　　C　くれる―くださる　　　　D　見る―ごらんになる
　　E　行く―まいる

(5)　次の言葉の敬語関係と同じ組み合わせを選びなさい。
　「来る―まいる」
　　A　いる―おいでになる　　　B　言う―おっしゃる
　　C　食べる―いただく　　　　D　する―なさる

(6)　次の文章で敬語の使い方が適当でないものはどれか。
　　A　社長が昼食を召し上がる。　　B　社長が昼食をお食べになる。
　　C　社長が昼食を食べられる。　　D　社長が昼食をいただく。

(7)　次の文章の敬語の使い方で正しい使い方はどれか。
　ア　兄が是非、会いたいと申しております。
　イ　ご出席になる方は、午後1時にお集まりください。
　ウ　皇后陛下はスイスをご訪問しました。
　　A　アだけ　B　イだけ　C　ウだけ　D　アとイ
　　E　アとウ　F　イとウ　G　すべて　H　該当なし

ここがPOINT！Ⅱ

敬語は企業間の人間関係の基礎となる実践的な事柄である

解答と解説

解答　(1)A

「なさる」は「する」の尊敬語である。謙譲語は「いたす」。丁寧語は「します」。

解答　(2)B

「いただく」は「飲む」の謙譲語。尊敬語は「お飲みになる」「あがる」。丁寧語は「飲みます」。

解答　(3)B

謙譲語は自分をへりくだる表現なので、「申し（申す）」の主体である先生を下げてはいけない。正しくは「注意してください」。

解答　(4)E

「まいる」は「行く・来る」の謙譲語で、動作を行う自分を低めている。後はすべて動作を行う人を高める尊敬語の動詞。

解答　(5)C

「来る―まいる」は、「基本形―謙譲語」の関係である。
「いただく」は、「食べる」の謙譲語。
A、B、Dの組み合わせはすべて尊敬語の組み合わせになっている。

解答　(6)D

「食べる」の尊敬語はAの「召し上がる」（または「あがる」）のほか、Bの「お〜なる」、Cの尊敬の助動詞「られる」を使ったものがある。Dの「いただく」は謙譲語なので社長を低めてしまう。

解答　(7)B

ア：「会いたい」 → 「お会いしたい」「お目にかかりたい」
イ：正しい。
ウ：「訪問されました」または「ご訪問になりました」にする。

27 長文問題は言語能力全般の力を計る重要な単元

長文問題 ▶ 文章の構成；主題、主張の理解

STEP 1 　例文を読んで答えなさい。

（例文）

戦前戦後のもののない時代、一般の日本人が、今と比べて遙（はる）かに質素な暮らしをしていたころを知っている私の目から見ると、いまの若い人々は（ア）的に何から何まで恵まれた生活をしている。世界中の珍味が安く食べられ、行きたいと思うところは、国内国外をとわず手軽に出かけられる。欲しいと思ったものは、僅（わず）かの頭金を払えば、直ちに手に入る。　——言語社会学者　鈴木孝夫『ことばの社会学』より

例文中の「戦前戦後」というのはいつの戦争前後のことですか。

A　第一次世界大戦　　　　B　第二次世界大戦

C　日露戦争　　　　　　　D　ベトナム戦争

E　日清戦争　　　　　　　F　一般的な戦争

STEP 2 　例文中の（ア）に当てはまる語句を選びなさい。

A　歴史　　B　情報　　C　伝統

D　物質　　E　家庭

STEP 3 　例文中の「恵まれた生活」とは、どういうことですか。

ア　世界中の珍味が安く食べられ、行きたいと思うところは、国内国外をとわず手軽に出かけられること。

イ　欲しいと思ったものは、僅かの頭金を払えば、直ちに手に入ること。

ウ　手間ひまかけず、僅かの準備で要求するものが手に入ること。

A　アだけ　　B　イだけ　　C　ウだけ

D　アとイ　　E　アとウ　　F　イとウ

G　すべて　　H　該当なし

ここがPOINT！Ⅰ

出題傾向
1．文章をつなげる接続詞の補充問題　2．文の説明　3．文章整序　4．要旨のまとめ

考え方

STEP 1　解答　B

存命の筆者の体験がもとに書かれているので、時間的に筆者が生きている範囲で日本（人）の体験した一番大きな戦争を選ぶことが妥当。その戦争は第二次世界大戦（1939〜45）である。
・日清戦争（1894〜95）＝朝鮮の東学党の乱がきっかけ
・日露戦争（1904〜05）＝日本とロシアとが満州・朝鮮の支配をめぐって争う
・第一次世界大戦（1914〜18）＝三国同盟と三国協商の対立による
・ベトナム戦争（1960〜75）＝南北ベトナムの武力衝突

STEP 2　解答　D

（ア）に入る語句はその部分より前に書かれた内容にヒントになる言葉が書かれている。まず、カッコより前の文章で主題や時代背景、話題の方向など、確実に判断できる事柄をキーワードとして書き出すと、文章を整理しやすい。この場合は、「戦前戦後」、「日本人」、「質素な暮らし」。
ここから「何から何まで恵まれた生活をしている」と続くことから、その対比が書かれていることが推測できる。この後に続く具体例では、ものが手に入ることの容易さが書かれているので、ものに関する言葉が解答欄に入る。

文章の流れ：

戦前戦後の質素な暮らし→何から何まで恵まれた生活
　　＝　世界中の珍味が安く食べられ、行きたいところに手軽に出かけられる
　　＝　欲しいものは、僅かの頭金で手に入る

STEP 3　解答　D

恵まれた生活の具体例は、「世界中の珍味が安く食べられ」「行きたいと思うところは、国内国外をとわず手軽に出かけられる」「欲しいと思ったものは、僅かの頭金を払えば、直ちに手に入る」ことである。
このどれにも応える内容を選ぶことが必要である。

27　長文問題

155

練習問題 **27 長文問題**

☐に答えなさい。

次の文章を読んで、以下の問いに答えなさい。

　戦前戦後のもののない時代、一般の日本人が、今と比べて遙かに質素な暮らしをしていたころを知っている私の目から見ると、いまの若い人々は物質的に何から何まで恵まれた生活をしている。世界中の珍味が安く食べられ、行きたいと思うところは、国内国外をとわず手軽に出かけられる。欲しいと思ったものは、僅かの頭金を払えば、直ちに手に入る。

　（　ア　）それならば、いまの若い人々は喜びにあふれ、希望に満ちた日々を送っているかといえば、実はそうではないらしい。すばらしいオートバイを持っている若者は、なんとかして早く自動車を買いたいのである。休暇にハワイで泳ぎたい青年は、今度こそヨーロッパに行きたいと思う。あれをしたい、これを買いたいという欲望が、すべてたやすくかなえられる時代に生まれた人は、もっともっとという絶えざる欲求不満に悩まされるのである。

　考えてみると、人間が何かを持ち、あることを経験する喜びとは、実際の経験、現に所有しているという事実からだけ生まれるのではないようだ。誰も覚えがあるように、喜びは何かをする以前の待ちの時間、何かを手に入れるまでの期待と願望の期間にも含まれる。

　いや逆説に聞こえるかもしれないが、この待ち時間に経験する期待の喜びが実際の経験、現実の所有の結果、私たちが味わう喜びよりも遙かに強く充実したものであることすらあるのだ。旅行を計画して地図を拡げ、ここを見よう、あそこに行こうと考える時、車を買ったら知人を訪れよう、故郷に家族をつれていこうと思う時、私たちの胸はふくらみ、夢が広がるのである。

　欲望が現実に満たされるまでのこの「（　イ　）」が、何でもすぐ容易に手に入る時代に生きる、いまの若い人々から奪われてしまった。欲しいものが欲しいと思った時、すぐに手に入ることは、（イ）の喜びを失うだけでなく、所有の喜び自体も、長年の念願がかなって手に入れたものに対する飛び上がらんばかりの激しい喜びとは程遠いものとなる。

　　　　　　　　　　　——言語社会学者　鈴木孝夫『ことばの社会学』より

⑴（ア）に最も当てはまる語を選びなさい。

　　A　そして　　　B　かなり　　　C　そのうえ　　　D　だが
　　E　つまり　　　F　そこで　　　G　また

ここがPOINT！Ⅱ
長文には論説文、報告文が使われる

(2) 「絶えざる欲求不満に悩まされる」理由として最も当てはまるものを選びなさい。

A　何かをしたいと思う待ち時間に経験する期待の喜びや実際の経験が厳しすぎるから。
B　僅かの頭金を払えば、直ちに手に入る物質的な欲求に慣れてくるから。
C　何かを手に入れるまでの期待とそれをかなえたい願望とのギャップがありすぎるから。
D　世界の珍味を食べたら、次に別のものを欲しがるというように終わりのない欲望が続き際限がないから。
E　質素な暮らしを知っている私の貧困時代の体験が消えないから。

(3) （イ）に最も当てはまる文中の語句を選びなさい。

A　実際の経験　　B　所有の喜び　　C　長年の念願
D　現実の所有　　E　待ち時間　　　F　期待と願望
G　質素な暮らし　H　該当なし

(4) この文章の要旨として最も当てはまるものを選びなさい。

A　便利になり、欲しいものがすぐに手に入ることが実は新たな不満を呼び起こし、満足になることはない。欲望というのはキリがないものである。
B　いまの若者は便利なことに慣れているので、すぐに与えるだけでなく我慢することも大切であると理解させる必要がある。
C　所有や経験の本当の喜びは、欲しいものが手に入るまでの期待と願望の期間にも含まれるが、いまの若者はそれが奪われてしまったため本当の喜びが失われている。
D　欲しいものがすぐに手に入るということは誰にとっても便利なことであり、好ましいことなので、今後更にこの便利さを推進していくべきである。
E　戦争という悲惨な状況を経験してきた自分よりも、何も知らないいまの若者の方が幸せな生活をしているということを、いまの若者は自覚するべきだ。

157

練習問題 **27** 長文問題

解答と解説

解答 (1)D

続く語句の「それならば」という語で（ア）には否定的に使われる語句が入ることがわかる。「それならば」の後の文の内容も、「次々にやってくる欲求を満たすために悩む」「決して満足な状態になるのではない」と続いており、これらから考えると、前の文を否定する接続詞がふさわしい。

解答 (2)D

「絶えざる」ということは、続いていること、終わりのないという意味。そのように「欲求不満」が説明されているものを選ぶ。D「終わりのない欲望」が続くので、それが「悩まされる」原因となる。

解答 (3)E

前に「欲望が現実に満たされるまで」とあるので、時間的なことに関係のある何かが解答になる。また、続いて「何でもすぐ容易に手に入る時代に生きる、いまの若い人々から奪われてしまった」とあることから、すぐに手に入る状況では得られない何かであることもわかる。これら2点から考えて、「時間的な長さ」で「すぐに手に入ることで失われる」ものは何かを考えていくと、時間のかかるE「待ち時間」である、と判断できる。

ここがPOINT！Ⅲ

1．テーマを知る　　2．段落ごとの内容をまとめる
3．キーワードを考える　　4．接続詞を正しく選ぶ

解答と解説

> 解答　⑷C

1　戦前戦後のもののない時代に質素な生活をした自分に比べ、いまの若者は物質的に恵まれている。

2　いまはたやすく欲望がかなえられるために、次々にもっともっとという欲望が出てきて欲求不満が加速する。

3　人が何かをする喜びとは、それを手にすることだけでない。手にするまでの期待や手にした後にどうするかを考える夢を持つ時間が大切なのだ。

4　簡単に欲しいものが手に入るいまの若者は、待ち時間が少ないため、念願がかなうという喜びを体験する機会が持ちにくくなっている。

話の流れを段階的にまとめると、以上のようになる。これらの流れから、「物質的なものが手に入る」だけではなく、「待ち時間に抱く夢を広げること」も欲求の満足に大きな力になる、という内容の部分が、この文章の要旨である。

●言語分野の出題傾向●

①言語問題はほとんどが一般的に知られている語句が出題対象。

②わからない語句は、問題を解きながらその都度覚えていけば十分本番で役立つ。

③言語問題はいかに知らない語句をなくしていくかが試験通過のポイント。

④言語分野の語句の試験はほとんどの人が高得点で通過すると思って取り組もう。

⑤得点しやすい単元なので、多くの問題をこなせば高得点が取れる。

柳本新二（やなぎもと　しんじ）

教育企画　Business Career Gate 代表取締役
就活ゼミ『納得内定ゼミ』主宰
相模女子大学非常勤講師

慶応義塾大学大学院卒業。京都大学私学経営アカデミー修了。学習塾経営、厚生労働省社会人再雇用講師、大学教授、経済産業省アジア人財資金構想留学生就職支援講師等、多様な形式で大学生就職支援を行う。毎年全国50校を超える大学で講義経験し、延べ100,000人を超える受講生を持つ。2021年、東京大学留学生就職支援特別講師。e-learning 教材開発、FM千里＋(プラス)「就活バンザイ」パーソナリティ。

講義・講演およびゼミ生実績校：
早稲田大、慶応義塾大、東北大、名古屋工業大、盛岡大、駒澤大、立教大、岩手大、中央学院大、諏訪東京理科大、学習院大、富山大、立命館大、東京大、敬愛大、八戸学院大、滋賀大、九州国際大、同志社女子大、龍谷大、カタリナ大、琉球大、東京女子大、跡見学園女子大、明治大、青山学院大、宮城大、山形大、常盤大、上智大、明星大、日本女子大、日本獣医生命科学大、関西学院大、獨協大、成蹊大、広島工業大、中央大、神奈川大、九州女子大、亜細亜大、芝浦工業大、大東文化大、高知工科大、工学院大、相模女子大　他多数

主な著書：
『新傾向！SPI完全版』（高橋書店）
『「１日30分30日」完全突破！SPI最強問題集』（大和書房）
『柳本の超SPI問題集』（KADOKAWA出版）
その他、一般常識問題集、就活支援本など、就活関連本執筆多数。

編集協力　株式会社一校舎
本文イラスト　坂本水津哉

ドリル式ＳＰＩ問題集

著　者　柳本新二
発行者　永岡純一
発行所　株式会社永岡書店

〒176-8518　東京都練馬区豊玉上1-7-14

電話　03(3992)5155(代表)
　　　03(3992)7191(編集)

組　版　誠宏印刷
印　刷　誠宏印刷
製　本　ヤマナカ製本

落丁本・乱丁本はお取り替えいたします。25-①
本書の無断複写・複製・転載を禁じます。